DÉFENSE DES SCIENCES HUMAINES

Marc Richelle

Défense des sciences humaines

Vers une désokalisation ?

MARDAGA

© 1998, Pierre Mardaga, éditeur
Hayen, 11 - B-4140 Sprimont
D. 1998-024-10

*À Alix,
petit conglomérat d'atomes rieurs.*

Prologue

— Il se lit à Paris un livre qui, dit-on, fait grand bruit, et qui déshonore la France.

— Et de quoi, je vous le demande, traite cet ouvrage scandaleux ? Sans doute s'en prend-il, une fois de plus, avec l'arsenal habituel de la calomnie, aux prétendus errements des gens au pouvoir, à leurs enfants naturels, aux aménagements de leurs propriétés, à leur confiance trahie par des amis indésirables ? À moins qu'il ne s'agisse de l'incompétence du Quai des Orfèvres à démasquer les assassins du Pont de l'Alma ?

— Vous n'y êtes pas. Tout ceci serait anodin, et d'ailleurs non tout à fait sans fondement. Non, c'est bien pire ; vous n'y songerez jamais. Ce livre malfaisant s'en prend à l'essence même de l'esprit français.

— Une attaque contre Voltaire ? Quelqu'un qui démontre que Molière n'a pas existé ?

— Vous n'approchez pas. Non. Bien plus vicieux : une charge contre les maîtres à penser de notre temps, contre nos meilleurs philosophes, nos plus illustres psychanalystes.

— Vous plaisantez ?

— Du tout, les auteurs accusent d'imposture Lacan, Deleuze, Guattari, Baudrillard, et jusqu'à Kristeva et Irigaray !

— Et qui sont ces auteurs qui cherchent ainsi de l'intérieur à ébranler la France ?

— Non, ce sont des ennemis du dehors, mais avec la complicité d'une éditrice parisienne, qui s'expose à un procès pour trahison.

— Mais qui sont-ils donc ?

— Ce sont, bien sûr, des étrangers : passe encore pour un New Yorkais, mais un Belge !

— Leurs noms, je vous prie.

— Sokal et Bricmont.

— Je n'ai jamais entendu parler de ces philosophes.

— Ne croyez pas qu'ils soient philosophes.

— Mais que sont-ils pour s'en prendre à nos grands esprits ?

— Physiciens.

— ??

— Oui, vous m'avez bien compris, phy-si-ciens.

— Et que veulent-ils, plus précisément, à nos philosophes et psychanalystes ?

— Ils les accusent de parler physique et mathématique sans y rien comprendre, et d'ainsi berner leurs lecteurs.

— Ah ! Je vois.

— Vous voyez quoi ? On dirait que vous ne trouvez pas cela grave.

— Je n'ai pas dit ça. Est-ce totalement faux ? Et est-ce bien nouveau ?

— Comment pouvez-vous tenir de tels propos ? Soupçonner ces fleurons de l'intelligentzia parisienne de ne pas comprendre ce qu'ils disent ! Les accuser de ne rien entendre aux équations et aux atomes, eux dont la lucidité pénètre aux profondeurs de l'inconscient et aux cimes de la métaphysique ! Eux dont les idées ont traversé l'Atlantique et fécondent le postmodernisme ! Tout ce qui compte aujourd'hui dans l'avant-garde se réclame d'eux. Et pour un peu, vous semblez excuser ceux qui les attaquent...

— Ne nous emportons pas. Je vieillis, je le confesse, et ne suis plus vraiment dans le mouvement. Postmodernisme et déconstructivisme me déconcertent, ou pour parler franc m'indiffèrent. Ce que j'en disais de vos étrangers...

— Sokal et Bricmont.

— Merci. Sokal et Bricmont. A propos lequel est le Belge ?

— Bricmont, évidemment.

— Peut-on savoir ? J'ai rencontré un Américain qui s'appelait Rohan. Soit. Je voulais seulement dire que l'on s'est plaint déjà, avant vos auteurs, des obscurités de ceux que vous défendez. Pour moi, je n'y connais rien, et je suis prêt, ne les ayant pas lu, à me fier à ce que vous me dites de nos philosophes.

— Quoi ? Vous n'avez pas lu Lacan, ni Foucault, ni Deleuze, ni Kristeva, pauvre Julia ! Ni...

— Je vous arrête. Je vous l'avoue, je n'ai pas lu tous ces gens là, même pas Julia, j'en suis navré.

— Et comment est-ce possible, vous qui aviez jusqu'ici mon estime ?

— Pour tout vous dire, j'en fus dissuadé...

— Et par qui donc ?

— Par la lecture, voici quelque trente ans, d'un petit ouvrage qui me fit réfléchir.

— Pour aboutir à quelle conclusion s'il vous plaît ?

— Je renonçai au choix que j'avais fait pour mener mes études de psychologie, et m'inscrivis là où l'on tenait un discours moins profond, mais plus clair. Et puis, je continuai de lire Queneau et Diderot, plutôt que les « structuralistes » et futurs postmodernistes. Voilà. Vous savez tout.

— Pas vraiment. Ce livre, commis sans doute par un provincial...

— Pire : un Belge.

— ... Vous l'avez encore ?

— Probablement. Mais allez retrouver cela dans ces rayons sans ordre. Ah ! Nous y voilà. Tenez, ne lisez pas tout. Lisez ces quelques pages, pendant que je vais mettre la dernière main à un petit article où je discute les thèses de Sokal et Bricmont.

Il s'éloigna vers son cabinet de travail. Son hôte, toujours nerveux, se mit à la lecture :

« L'OBSCURANTISME EN PSYCHOLOGIE »

Imaginons trois étudiants s'inscrivant dans trois de nos plus illustres facultés pour commencer des études de psychologie. La rumeur et le programme des cours les ont avertis des privilèges qui les attendent : parmi les maîtres qui les instruiront se trouvent quelques célébrités. Curieux et consciencieux, soucieux de se préparer aux premières leçons magistrales, ils se précipitent chez le libraire, et y achètent un ou deux ouvrages signés par celui qui, peut-être, sera demain leur maître à penser. Installé dans la chambre d'étudiant qu'il vient d'inaugurer, chacun feuillette les pages sacrées, arrête son regard çà et là. Que liront-ils ? Et dispersés en trois lieux différents, se trouveront-ils à cette heure-là réunis sans le savoir dans leur lecture ?

Imaginons le premier s'arrêtant sur le passage suivant :

> « La méthode expérimentale mesure donc l'abîme qui sépare le spéculatif du scientifique. Elle se méfie des coïncidences, des constructions de l'esprit, des préjugés. Elle sait que le nombre des aspects d'un fait — c'est-à-dire ses variables — est tel qu'une solide affirmation sur sa genèse ou ses concomitances n'est possible qu'au terme de longues et sérieuses vérifications. »

Imaginons le second méditant ce texte :

> « Affirmer par contre que la structure de l'organisme n'est accessible qu'à l'intuition philosophique et comporte entre autres la finalité, tandis que l'honnête biologiste travaillant jour après jour en son laboratoire (et avec des méthodes qui rendent) n'y comprendra jamais rien, en tant que borné par une cécité heuristique et conceptuelle l'empêchant de bénéficier des mêmes intui-

tions, ce n'est plus se référer à des échelles distinctes mais coordonnables, c'est froidement couper la pensée humaine en deux secteurs hétérogènes et c'est abuser du grand terme de 'vérité' pour lui donner deux significations incompatibles.

Le sens courant du mot 'vérité' se réfère à ce qui est vérifiable par chacun. Peu importe le procédé de vérification pourvu qu'il soit accessible et qu'il donne la garantie au sujet qu'il n'est pas centré sur son moi ou sur l'autorité d'un maître, mais que ce qu'il avance est contrôlable par tous ceux qui doutent. Si la finalité de l'organisme était 'vraie' en ce sens, même si on ne le constate pas au microscope et qu'il faille, pour l'atteindre, se livrer à un effort de déduction et d'abstraction aussi laborieux qu'on voudra, mais dont on fournisse les règles, ce serait une vérité tout court : donc une vérité scientifique comme il y en a bien d'autres, comprise d'une élite seulement, mais accessible à tous à condition de fournir le travail voulu. »

Assoiffé de vérité lui-même, et convaincu d'appartenir à cette élite, notre étudiant se hâte vers la dernière page, pour y trouver le message final :

« Quant à l'avenir de la psychologie scientifique et des autres sciences touchant de près ou de loin aux problèmes de l'esprit, on ne saurait s'inquiéter à son sujet, car non seulement leur développement est irréversible, mais encore il est, comme en toutes les sciences, d'une irréversibilité d'un type particulier : ainsi qu'aime à le dire R. Oppenheimer, celle-ci repose sur la conscience des erreurs qu'on ne fera plus, car en science il n'est pas possible de se tromper deux fois de la même façon. Tant l'ouverture indéfinie de ces sciences jeunes sur de nouveaux problèmes que cette incapacité d'auto-correction irréversible sont donc les gages assurés de leur vitalité. »

Le troisième s'interroge, à travers le texte qu'il parcourt avec un mélange d'exaltation ou de perplexité sur le physique de son maître de demain : quel genre d'homme est-on, lorsqu'il écrit et pense de la sorte ? Il est allé droit au chapitre traitant bien à propos pour lui des sciences humaines :

« On voit que les sciences humaines ne sont pas analyse de ce que l'homme est par nature ; mais plutôt analyse qui s'étend entre ce qu'est l'hommme en sa positivité (être vivant, travaillant, parlant) et ce qui permet à ce même être de savoir (ou de chercher à savoir) ce que c'est que la vie, en quoi consistent l'essence du travail et ses lois, et de quelle manière il peut parler. Les sciences humaines occupent donc cette distance qui sépare (non sans les unir) la biologie, l'économie, la philologie, de ce qui leur donne possibilité dans l'être même de l'homme. On aurait donc tort de faire des sciences humaines le prolongement intériorisé dans l'espèce humaine, dans son organisme complexe, dans sa conduite et dans sa conscience, des mécanismes biologiques; non moins tort de placer à l'intérieur des sciences humaines la science de l'économie et du langage (dont l'irréductibilité aux sciences humaines est manifestée par l'effort pour constituer une économie et une linguistique pures). En fait, les sciences humaines ne sont pas plus à l'intérieur de ces sciences qu'elles ne les intériorisent en les infléchissant vers la subjectivité de l'homme; si elles les reprennent dans la dimension de la représentation, c'est plutôt en les ressaisissant sur leur versant extérieur, en les laissant à leur opacité, en accueillant comme choses les mécanismes et les fonctionnements qu'elles isolent, en interrogeant ceux-ci non pas en ce qu'ils sont, mais en ce qu'ils cessent d'être quand s'ouvre l'espace de la représentation; et à partir de là elles montrent comment peuvent naître et se déployer une représentation de ce qu'ils sont. Elles reconduisent subrepticement les sciences de la vie, du travail et du langage du côté de cette analytique de la finitude qui montre comment l'homme peut avoir affaire en son être à ces choses qu'il connaît et connaître ces choses qui déterminent, dans la positivité, son mode d'être. Mais ce que l'analytique requiert dans l'intériorité ou du moins dans l'appartenance profonde d'un être qui ne doit sa finitude qu'à lui-même, les sciences humaines le développent dans l'extériorité de la connaissance.»

Séduit et comme grisé par cette poétique géométrie, l'étudiant aborde la conclusion :

« C'est pourquoi le propre des sciences humaines, ce n'est pas la visée d'un certain contenu (cet objet singulier qu'est l'être humain); c'est beaucoup plutôt un caractère purement formel : le simple fait qu'elles sont, par rapport aux sciences où l'être humain est donné comme objet (exclusif pour l'économie et la philologie, ou partiel pour la biologie), dans une position de redoublement, et que ce redoublement peut valoir *a fortiori* pour elles-mêmes. »

Quelques détails de la démonstration, il se l'avoue secrètement, lui échappent, mais il a l'excuse de sa jeunesse, et il soupçonne que la pénétration de si merveilleux labyrinthes exige du lecteur l'ingestion d'un peu de LSD, cette drogue miraculeuse dont on dit qu'elle ouvre des espaces aux dimensions indicibles, et dont il devine à présent la raison d'être et la légitimité. Il tourne les pages, glisse sur « la surface de projection du langage », découvre « l'entrecroisement » des sciences humaines, qui « peuvent toujours s'interpréter les unes les autres », comprend que « leurs frontières s'effacent, que les disciplines intermédiaires et mixtes se multiplient indéfiniment, que leur objet propre finit même par se dissoudre », s'émerveille que les sciences humaines « traversent de bout en bout, qu'elles tiennent à distance, mais qu'elles joignent aussi les positivités empiriques de la vie, du travail et du langage aux formes de la finitude qui caractérisent le mode d'être de l'homme ».

Mais l'illumination décisive lui vient lorsque le maître lui révèle :

> « Si bien qu'elles (toujours les sciences humaines naturellement) cherchent moins comme les autres sciences, à se généraliser ou à se préciser, qu'à se démystifier sans arrêt : à passer d'une évidence immédiate et non contrôlée, à des formes moins transparentes mais plus fondamentales. Ce cheminement quasi transcendental se donne toujours sous la forme du dévoilement.... Une surélévation transcendantale retournée en un dévoilement du non-conscient est constitutive de toutes les sciences de l'homme. »

À ce point de sa lecture, les espaces ont chaviré, l'étudiant pressent que cette prose n'exige pas l'ingestion préalable de LSD, mais qu'elle la remplace. Il est

prêt à une dernière découverte, une ultime mise au point
— pour qui s'y serait trompé — : que les sciences de
l'homme ne sont pas des sciences...

Le premier de nos trois étudiants est à Paris et
l'ouvrage qu'il lisait est de Paul Fraisse, maître de la
psychologie expérimentale[1]. Le second est à Genève; sa
curiosité l'a conduit à l'autobiographie intellectuelle
récemment publiée par Jean Piaget[2], auprès duquel il va
s'initier à la psychologie du développement et plus
spécialement à l'épistémologie génétique. Le troisième
fréquente la nouvelle faculté de Paris-Nanterre, et s'était
aventuré dans *Les Mots et les Choses* de M. Michel
Foucault.

Est-ce une même science que vont apprendre ces trois
jeunes gens? Seront-ils dotés par ces maîtres d'un
même cadre conceptuel, d'une même méthode, d'un
même langage à travers lequel ils pourront ultérieure-
ment communiquer et continuer à construire le savoir?
En ce qui concerne les deux premiers, cela ne fait aucun
doute. Mais le troisième ne vivra pas dans le même
univers intellectuel; on l'aura compris au ton, au style,
au contenu des citations.

Ce qui distingue ces trois auteurs ne tient pas à leur
spécialité. Nous aurions pu choisir des textes d'un
clinicien, d'un psychologue statisticien, d'un psychologue d'industrie, de tel psychanalyste (à commencer par
Freud lui-même s'il vivait encore) et les ranger à côté de
ceux de Fraisse et de Piaget; nous aurions pu, d'autre
part, prendre d'autres cibles que M. Foucault.

Deux choses, essentiellement, les distinguent. La
première est le souci de vérification, central chez les
premiers, totalement étranger aux seconds. Souci de
vérification sans lequel, n'en déplaise à M. Foucault, il

n'existe pas de *science* — au sens habituel et normal du terme. Souci de vérification qui suppose, chez l'homme de science, une exigence absolue de clarté dans la communication des idées et des faits, d'où un effort constant pour élaborer un code dépourvu d'ambiguïté. Souci de vérification qui est la condition *sine qua non* du caractère cumulatif du savoir scientifique.

La deuxième est l'expérience pratique du travail scientifique, commune aux premiers, presque toujours absente chez les seconds. Ceux-ci se contentent de réflexion sur les sciences psychologiques, sans les avoir jamais pratiquées, ne serait-ce qu'au stade de la formation. Ils croient pouvoir les dominer, et juger le travail de ceux qui les font, en dissertant. Ils se comportent à la façon de ces philosophes qui discutent de la matière et de la vie sans avoir jamais exécuté eux-mêmes le moindre exercice de physique ou de biologie.

Qu'il existe aujourd'hui des psychologues, des professeurs de psychologie aux attitudes si opposées témoigne d'un état de choses qu'il importe, par honnêteté envers le public, de ne pas dissimuler. La psychologie n'a pas encore accédé à l'unité d'une science mûre.

Une comparaison avec d'autres domaines fera ressortir cette curieuse hétérogénéité d'orientation. Que l'on imagine, plutôt que trois étudiants en psychologie, trois étudiants en chimie. Leurs maîtres différeront par leur spécialisation, leur talent didactique, leurs préférences pour telle ou telle théorie. Mais ils enseigneront néanmoins les mêmes méthodes, les mêmes symboles, les mêmes concepts, et leurs élèves, grâce à cela, se comprendront. Ils s'efforceront de ne pas obscurcir par l'originalité de leur style personnel les données de leur science. Au contraire, ils viseront à en rendre la communication la plus sûre possible en utilisant au maximum un langage idéographique (les symboles chimiques, les formules mathématiques en sont des exemples) qui échappe non seulement aux particularismes individuels de l'expression, mais aux contraintes des différentes langues naturelles, et qui autorise par là une communication véritablement universelle.

S'il n'en va pas de même en psychologie, ce n'est nullement, insistons-y, en raison de la diversification des approches et des secteurs, de la psychophysiologie à la psychanalyse. Toutes ces approches et tous ces secteurs de spécialisation ne s'opposent jamais, mais au contraire se fécondent mutuellement; ils ne sont pas contradictoires, mais complémentaires, si seulement, en chacun d'eux, se retrouve l'exigence capitale de vérification. Les orientations d'un Piaget et d'un Foucault ne peuvent être complémentaires, elles sont incompatibles. Et l'on devrait oser la questoin : un professeur qui serait à la chimie ce que les Foucault sont à la psychologie scientifique trouverait-il position officielle et audience dans les facultés des sciences ?

Il n'y aurait pas lieu de s'inquiéter si cette coexistence des contradictoires ne traduisait qu'une survivance en déclin, le combat d'arrière-garde de la psychologie philosophique. Mais la tendance a-scientifique s'affirme avec une surprenante vigueur, se taille des succès. Comment expliquer un tel phénomène ?

Il faut y voir d'abord le reflet, dans un domaine encore exposé à ce genre de supercheries, des fantaisies intellectuelles dont se nourrissent, époque après époque, certaines castes de peudo-penseurs. Il y a là un curieux phénomène sociologique dont Paris est sans doute le lieu privilégié. La gloire se forge, pour les esprits de cette sorte, en s'emparant de quelque notion propre à une science et en en faisant un thème à la mode autour duquel le délire verbal se donne libre cours. De nos jours, l'une de ces notions au destin inattendu est celle de *structuralisme*. Elle a été empruntée à la linguistique moderne. Elle concerne, de façon très précise, une manière d'envisager le langage et son analyse. Pour les linguistes, gens rigoureux et épris de clarté s'il en est, il n'y a pas là matière à philosophailleries. Mais qui veut bavarder bavarde de n'importe quoi, et l'on s'est mis à bavarder à tort et à travers sur le langage et les structures, en enfilant des idées creuses sans rapport aucun avec la science linguistique (car c'est une science et non une logomachie). Certaines notions freudiennes avaient subi le même sort, et ont parfois retrouvé un regain de mondanité en entrant dans l'orbite du «structuralisme». Demain, d'autres thèmes serviront au même jeu. C'est par le hasard de la mode, et pour nulle autre raison, que le livre de M. Foucault auquel nous avons fait allusion consacre tant de place au langage, pour étayer une démonstration tout à fait arbitraire. Les macromolécules ou les radiations cosmique eussent fait l'affaire, si leur vogue égalait celle du structuralisme. On peut sourire à ces prétentieuses naïvetés, comme à des sous-produits anodins de notre liberté de pensée et d'expression. Il faut s'en affliger, si l'on songe à la trahison sur laquelle elles reposent. Trahison triple, d'abord envers les sciences qu'elles exploitent sans les assimiler et dont elles faussent totalement l'image; ensuite envers leur public, qui, s'il n'est averti, s'imagine trouver à travers elles une synthèse des conceptions du monde et de l'homme, alors qu'elles ne sont qu'échafaudages gratuits; envers la connaissance enfin, qu'elles parodient. Lorsqu'elles trouvent assez de complicités pour se faire une place dans l'université et se faire passer auprès des jeunes esprits pour recherche de la vérité, alors qu'elles n'en offrent qu'un bouffon déguisement, il faut bien dénoncer ce que M. Picard, fort judicieusement, a appelé *l'imposture*[3]. »[4]

Quand il revint à la bibliothèque, l'article achevé, il trouva, se consumant dans les braises de l'âtre, la reliure plastifiée, plus résistante au feu que le papier. Son visiteur avait disparu. En lettres bleues, s'enroulant sous l'effet de la chaleur, seule la question-titre subsistait : Pourquoi les Psychologues ? Il explora la pièce des yeux.

— On n'a pas fini d'en avoir besoin.

NOTES

[1] *La Psychologie expérimentale*, Presses universitaires de France, Paris, 1966.
[2] *Sagesse et Illusions de la Philosophie*, Presses Universitaires de France, Paris, 1966.
[3] R. Picard, *Nouvelle Critique ou Nouvelle Imposture*, Paris, J.-J. Pauvert, 1965.
[4] Extrait de M. Richelle, *Pourquoi les Psychologues ?*, Bruxelles-Liège, Dessart-Mardaga, 1968 ; 7e édition : 1985. Les trois notes de bas de page ci-dessus sont les notes accompagnant la citation dans l'original.

Chapitre 1
Faut-il désokaliser les sciences humaines ?

Ayant écrit cela il y a trente ans, je ne puis qu'applaudir à l'ouvrage de Sokal et Bricmont[1], comme à la plaisanterie qui l'a précédé. Il est toujours flatteur d'avoir eu raison trop tôt, comme de trouver des gens du même avis que vous. Si, en plus, ils sont physiciens, on est comblé. J'ai toujours aimé la compagnie des physiciens. Mais mise à part cette inclination personnelle, qui n'a d'autre origine que le hasard de mes rencontres avec des physiciens, il y a, dans l'inconscient de tout psychologue, une fascination secrète pour ces magiciens de la science qui sillonnent les années lumières et les mondes subatomiques à califourchon sur leurs équations. Que n'en sommes-nous là !

Au plaisir de me trouver en si bonne compagnie se mêle pourtant un peu d'inquiétude. J'avais cru, de ma province nordique, mettre en déroute ces idées folles dont se délectait alors ce que Paris avait de plus audacieusement intelligent, et en protéger ne serait-ce que les étudiants entrant en psychologie. Et voilà que je découvre que ces idées — si l'on peut parler d'idées — loin d'avoir été mises en déroute, ont essaimé outre Atlantique, où elles ont fait souche et ont fusionné avec une forme de relativisme dans un amalgame que l'on nomme « postmodernisme ». Qu'y aura-t-il après ? Peut-être le futur : il faut s'attendre à tout.

J'applaudis donc à l'exercice qu'ont entrepris Sokal et Bricmont. Il l'ont fait avec une conscience exemplaire, références minutieuses et citations à l'appui. Ils ont patiemment repris un échantillon de textes des maîtres à penser de ce mouvement, où il est fait appel à des données des mathématiques et de la physique présentées à l'appui d'un discours sur l'homme aussi obscur que les propos scientifiques invoqués. Ils ont, dans chaque cas, démontré que ces brillants auteurs employaient mots et concepts des sciences exactes à tort et à travers, accumulant les contre-sens, les contradictions, les bévues historiques, les erreurs sur des points élémentaires. Je les admire d'avoir mis tant de soin à cette démonstration. Pour moi, il me suffit de lire deux pages de ces éminents esprits pour me persuader que, sur cet aspect comme sur bien d'autres, ce sont des cuistres, qui ne méritent pas notre lecture quand il y a tant de choses intéressantes à lire. Sokal et Bricmont ont fait là un travail véritablement scientifique, une entreprise systématique de réfutation — ceci ne fait pas d'eux des poppériens inconditionnels, bien sûr — parfaitement concluante. Pour l'essentiel, la cause est entendue. Nous sommes d'accord sur le fond.

Ce petit livre n'est donc pas une réponse à Sokal et Bricmont, mais une extension au débat qu'ils ont ouvert. J'essaierai surtout de mettre en perspective certains de leurs constats et certains aspects de leur analyse. Je le ferai de mon point de vue propre, celui d'un psychologue, qu'il faut bien ranger conventionnellement dans les sciences humaines. Je récuse pourtant, comme on aura l'occasion de s'en apercevoir plus loin, cette dichotomie désastreuse qui oppose les sciences humaines aux autres, dont certaines sont dites exactes, et dont toutes ne sont pas vraiment inhumaines. Parmi d'autres méfaits, cette simplification sert souvent de justification, chez les représentants des sciences humaines, à des pratiques douteuses dans la quête de la connaissance, comme celles que dénoncent nos deux physiciens.

Tout le monde peut se tromper : aventures éditoriales

Derrière leur ouvrage, nous l'avons dit, fort sérieux, se trouve un canular éditorial. Sokal composa une parodie d'article savant dans le jargon pseudo-scientifique des philosophes et psychanalystes en cause, assortie d'abondantes citations, notes en bas de page fournissant d'amples références supplémentaires, et comme il se doit, d'une impressionnante bibliographie. Il envoya cet article à une revue réputée dans le monde des sciences sociales, du moins d'obédience postmoderniste. Il fut accepté sans réserves et publié[2]. Sokal révélait ensuite la supercherie. L'événement suscita, on s'en doute, éclats de rire et de dépit. Nous laissons à l'historien des sciences le soin de décrire les péripéties de l'affaire Sokal, et ne doutons pas qu'il s'en publie une version « objective » et une version postmoderniste qui démontre que Sokal en est resté au stade régressif de la simple modernité et ferait bien de se confier à un émule de Lacan.

La farce-piège à l'édition n'est pas chose nouvelle. On a vu jadis aux Etats-Unis des éditeurs de renom refuser des manuscrits littéraires d'inconnus, sans s'apercevoir qu'il s'agissait de romans d'auteurs célèbres publiés depuis des années, et qui avaient été soigneusement redactylographiés sous un nom quelconque ! En matière de publication scientifique, plusieurs expériences ont été faites qui montrèrent, par exemple, le poids de la notoriété de l'institution à laquelle le chercheur appartient dans l'acceptation ou le rejet d'un article. Des travaux déjà publiés par des chercheurs attachés à des universités de grand renom furent maquillés et attribués à des auteurs obscurs, attachés à des institutions sans prestige. Ils firent l'objet, pour la plupart, de refus parfois longuement argumentés par une démonstration de toutes les failles méthodologiques ou théoriques qu'ils contenaient.

Ces aventures reflètent des problèmes réels dans la sociologie de la science — où les modalités de communication des savoirs tiennent une place importante. En principe, les règles de publication offrent des garde-fous aux dérives : examen indépendant des manuscrits par deux ou trois juges tenus à fournir un rapport circonstancié ; exigence d'un avis majoritaire ou unanime pour l'acceptation ; parfois les manuscrits sont transmis sans information sur le nom de leur(s) auteur(s) et de leur appartenance académique, etc. Malgré ces précautions, on assiste à des erreurs de jugement — certains travaux sont écartés de la publication qui se révèlent plus tard précurseurs d'importantes découvertes ; à des connivences favorisant certains circuits de la production du savoir — l'omission du nom des auteurs ne suffit pas à assurer l'anonymat, la substance des travaux soumis trahissant souvent leur identité ; à des fraudes ; et enfin à des supercheries. Que ces dernières puissent réussir est à la fois un mauvais et un bon signe !

C'est dire qu'en soi, être accepté ou refusé ne prouve pas nécessairement grand chose. Ce qui n'enlève rien au mérite de Sokal, qui a fait preuve d'une habileté d'écriture qui le classe parmi les grands pasticheurs.

Si j'ai brièvement évoqué ces questions d'édition du savoir scientifique, c'est pour bien marquer deux choses. L'une, c'est que les hommes sont fort imparfaits, et qu'il se rencontre parmi les scientifiques tous les défauts que l'on peut rencontrer dans l'humanité en général. Sokal et Bricmont le reconnaissent. La seconde, c'est que la ligne de démarcation entre ce qui est «bon» (et dès lors publiable, pour rester dans ce domaine) et ce qui est «mauvais» (et non-publiable) n'est pas toujours simple à tracer (sauf peut-être en mathématique, ou en physique, mais j'en doute). En effet, même en présence de données expérimentales parfaitement recueillies et exposées, on pourra toujours s'interroger sur la validité et l'exhaustivité des liens établis avec les travaux antérieurs, et sur la portée donnée aux résultats par rapport aux théories en cours ou à des théories alternatives. S'il s'agit de textes plus théoriques, comme on en trouve dans toutes les sciences, le problème se complique encore de définir la «vérité». Jusqu'où faut-il admettre que la pensée s'aventure dans des terrains incertains mais sur lesquels on construira demain? Jusqu'où faut-il autoriser la fantaisie et l'imagination pour, qui sait?, débloquer une impasse? La réflexion théorique, en science, est tantôt exercice de synthèse des données connues — c'est ainsi que Claude Bernard la voyait —, mais elle est aussi, et peut-être surtout, formulation d'hypothèses, qui peuvent s'écarter fort loin de nos connaissances solides d'aujourd'hui. Il est normal qu'elle donne lieu à discussion, surtout si interviennent dans le débat des esprits inégalement enclins au jeu audacieux des hypothèses, ou, à un tout autre niveau, des représentants des positions théoriques mises en question — ici encore, les scientifiques, partageant les travers de leurs semblables, tendent souvent à s'accrocher aux théories auxquelles ils ont contribué, ou avec lesquelles ils ont vécu. Il ne faut donc pas s'attendre à un accord unanime sur la plus grande partie de la production théorique, même entendue dans le premier sens. Il n'est pour s'en convaincre que de parcourir des revues internationales de très haut niveau qui ont adopté pour règle de publier sous la même couverture un article important, généralement de synthèse théorique d'un domaine, ou des travaux personnels de leur auteur, et des commentaires invités écrits par des spécialistes du domaine (un exemple célèbre dans les neurosciences au sens large est *Behavioral and Brain Sciences*). Il n'est pas rare, mais à des degrés divers selon les sciences, que la réflexion théorique fasse appel à des idées développées dans d'autres sciences, ou d'autres domaines de la même science, et procède par analogies et métaphores. Cette démarche se justifie et elle s'est souvent révélée fructueuse. Nous y reviendrons plus loin. Disons seulement que, en accord avec Sokal et Bricmont, elle ne dispense pas de certains devoirs, principalement celui de comprendre de quoi l'on parle et d'en parler clairement.

Discours scientifique et communicabilité

En scientifiques prudents, Sokal et Bricmont ont pris le parti de s'en tenir strictement, dans les auteurs qu'ils critiquent, aux énoncés contenant des allusions à des concepts de la physique et des mathématiques. Bien qu'ils n'en paraissent pas très convaincus, ils laissent aux auteurs le bénéfice de l'intelligibilité lorsqu'ils se confinent à leur domaine propre, philosophie, sociologie ou psychanalyse. Je crains fort que cette concession ne soit pas fondée, et que les auteurs incriminés ne se montrent hélas pas plus compréhensibles quand ils traitent de leur « spécialité » que lorsqu'ils se hasardent dans celle des autres. La communicabilité reste une exigence majeure de tout discours scientifique : il doit être aussi peu équivoque que possible et ne prêter, idéalement, qu'à une interprétation obvie. Le discours littéraire n'a évidemment pas les mêmes contraintes, et il peut tirer sa qualité propre de la multiplicité de lectures qu'il autorise, tout comme un tableau peut donner lieu à des regards différents. Cette liberté d'interprétation n'est cependant pas sans limites, sans quoi le texte deviendrait parfaitement inutile, puisque le lecteur (qui n'en serait plus un) y mettrait n'importe quoi. C'est là un des problèmes passionnants sur lesquels se penchent les spécialistes de la théorie littéraire — où l'on retrouve les tendances et les points de vue les plus divers, y compris bien sûr les postmodernistes.

Mais revenons à la communicabilité scientifique. Lorsqu'ils parlent ou écrivent, les gens de sciences s'adonnent évidemment comme les autres orateurs ou écrivains à une activité de composition de textes, où, s'ils respectent les règles de communicabilité non-équivoque, ils n'en usent pas moins de leur « style », de leur rhétorique propre. Et leurs lecteurs les lisent à leur tour avec leurs propres cadre de référence. A ma connaissance, on n'a guère tenté l'analyse des écrits scientifiques sous cet angle. L'entreprise ne manquerait pas d'intérêt[3] et elle rendrait le lecteur attentif aux éléments du discours qui, sans se confondre avec le contenu principal, aident à le « faire passer ». Ces procédés, en soi inévitables parce qu'ils entrent en jeu dès l'instant où l'on parle ou écrit, peuvent, à la limite, se muer en artifices d'argumentation, qui font admettre au lecteur des choses fausses, absurdes, contradictoires, ou gratuites. On se retrouve alors dans le genre d'écriture des auteurs dénoncés par Sokal et Bricmont.

Il serait, en principe, possible d'évaluer le degré d'intelligibilité et de communicabilité non-équivoque des textes scientifiques ou qui se donnent pour tels. Une manière de le faire consisterait à en faire produire des traductions successives, en plusieurs aller-retour de la langue originale à une langue étrangère — pas trop éloignée pourtant pour éviter les impasses sur certains concepts qui n'auraient pas de mots dans la langue de traduction. Que resterait-il du texte original après plusieurs traductions (faites évidemment par des traducteurs idéaux, connaissant parfaitement, outre les langues en cause, la matière traitée)? On peut raisonnablement prédire que plus les termes techniques sont précisés et disponibles, plus les traductions successives préserveront la substance de l'original : un texte de mathématique survivra mieux qu'un texte de psychologie. Mais à l'intérieur des sciences au vocabulaire moins clairement défini, on trouvera sans doute de grandes différences selon que les auteurs se sont attachés à écrire clairement ou qu'au contraire ils se sont complus dans l'obscurité : je gage qu'il resterait peu du texte premier de Lacan, de Deleuze ou de Kristeva, par rapport à des textes de Piaget, de Bruner, de Galbraith, pour ne prendre des exemples que dans les sciences dites humaines[4].

Les dérives dénoncées par Sokal et Bricmont ne seraient donc qu'un aspect d'une caractéristique beaucoup plus générale du discours des auteurs discutés : une inconsistance de fond, ouvrant aux interprétations les plus diverses et les plus fantaisistes, qui rapprocherait ces textes de certains genres littéraires plutôt que du genre scientifique. Il semble d'ailleurs, si j'en crois les libraires, qu'un Lacan trouve actuellement son lectorat beaucoup plus chez les étudiants en lettres (outre les psychanalystes lacaniens, naturellement) que chez les étudiants en psychologie ou sociologie.

Les sciences exactes, victimes exclusives de l'imposture ?

Bien qu'ils ne suggèrent nullement que tous les tenants des sciences humaines sont taillés sur le modèle des héros de leur livre, Sokal et Bricmont insistent sur l'opposition sciences humaines-sciences exactes dans l'analyse qu'ils font des errements dans l'usage des notions empruntées à ces dernières par les premières. Ils consacrent ainsi l'idée qu'il existe un problème particulièrement sérieux entre ces deux domaines du savoir, et laissent à entendre — même si ce n'est pas leur intention — que la source du problème se situe surtout du côté des premières.

La question est plus complexe. D'une part — et c'est ce point que je developperai dans un instant — ce recours en toute incompétence à d'autres sciences ne concerne pas exclusivement, et ne concerne pas d'abord, les sciences exactes. D'autre part, ces légèretés dans l'appel aux autres sciences ou les incursions dans leur domaine en toute ignorance de cause ne vont pas que dans un sens : elles existent aussi dans le chef de spécialistes des sciences exactes. Ce point sera abordé dans le chapitre 6.

Dans l'extrait de mon petit ouvrage de 1968, reproduit dans le Prologue, dénonçant l'obscurantisme en psychologie, je prenais pour cible un texte de Michel Foucault

— dont Sokal et Bricmont nous rappellent, par une citation en exergue, l'admiration pour l'œuvre de Deleuze et Guattari, qui «longtemps tournera au-dessus de nos têtes» et la prédiction associée à ses éloges : «Mais un jour, peut-être, le siècle sera deleuzien» (il ne précise pas lequel, mais nous avons tout le temps). La mode, à l'époque, n'est pas au postmodernisme, mais au structuralisme, dans sa forme parisienne tardive. Philosophes, psychanalystes, sociologues, critiques littéraires s'emparent des apports de la linguistique de l'école de Prague, remontant à un quart de siècle, et dans la foulée élaborent leur propre mouture de structuralisme. Pour un peu, ils feraient croire qu'ils l'ont inventé[5]. C'est au champ de la linguistique, qui, pour n'être pas une science exacte, est une science minutieuse et rigoureuse, que les Foucault et Lacan empruntent la matière de leurs jeux de mots. La poudre jetée éblouit l'ignorant. Je reprends quelques phrases de mon texte :

> «La gloire se forge, pour les esprits de cette sorte, en s'emparant de quelque notion propre à une science et en en faisant un thème à la mode autour duquel le délire verbal se donne libre cours. De nos jours, l'une de ces notions au destin inattendu est celle de *structuralisme*. Elle a été empruntée à la linguistique moderne... C'est par le hasard de la mode... que le livre de M. Foucault... consacre tant de place au langage, pour étayer une démonstration tout à fait arbitraire. Les macromolécules ou les radiations cosmiques eussent fait l'affaire, si leur mode égalait celle du structuralisme.»

Leur mode — ou celle des notions de physique et de mathématiques — a en effet suivi, et les impostures dénoncées aujourd'hui vis-à-vis de ces sciences ont pris la place de celles qui concernaient la linguistique. Ces impostures eurent leurs Sokal, avec moins d'écho malheureusement, tels Picard, dans le domaine de la critique littéraire, qui osa le terme[6], ou le linguiste Mounin, qui montra que Lacan n'avait rien compris aux thèses de Saussure de façon aussi convaincante que nos physiciens montrent que Kristeva n'a rien compris à Cantor ni à Gödel. Ce n'est que plus tard, une fois usée la supercherie linguistique, que Lacan se tourna vers les mathématiques, dans des textes extravagants sur la théorie des nœuds et des tores, abondamment illustrés d'images comme on en voit dans les vieilles gravures servant à l'instruction des marins.

Lacan était-il lui-même conscient de ses impostures? Les construisait-il délibérément, sachant le public naïf et crédule? Ou croyait-il vraiment en ce qu'il faisait? Il n'est plus là pour répondre à la question. Et j'ai malheureusement manqué l'occasion de la lui poser. On verra comment au chapitre 2.

Dans le titre de ce premier chapitre, je posais la question : « Faut-il désokaliser les sciences humaines? » Faut-il, pour éviter tout risque de tomber dans les légèretés parodiées puis dénoncées par le physicien new-yorkais, inviter les sciences humaines à s'abstenir de toute excursion dans les sciences exactes? Elles se mettraient ainsi à l'abri. Mais on l'aura compris, les « impostures » ne portent pas prioritairement sur les sciences exactes, mais sur d'autres sciences humaines : il s'agit de quelque chose de plus large, et qui, dès lors, ne consacre d'aucune manière l'opposition entre sciences exactes et sciences humaines. Voilà une première raison pour ne pas s'engager trop promptement dans une entreprise de désokalisation.

NOTES

[1] *Impostures intellectuelles*, Paris, Odile Jacob, 1997.

[2] Reproduit en traduction en appendice à l'ouvrage de Sokal et Bricmont, et publié d'abord en anglais sous le titre «Transgressing the boundaries : Toward a transformation hermeneutics of quantum gravity», sous le seul nom de A.D. Sokal in *Social Text*, 46/47, 1996, p. 217-252, © Duke University Press.

[3] J'avais amorcé cette analyse dans «Lettre à René Zazzo, pour servir d'ébauche à une étude de son style», *Bulletin de Psychologie*, 1987, 40, 655-659, relevant l'importance des procédés d'assertion chez Chomsky («Je pense que...», «Il est évident que...»), ou, chez Piaget, l'abondance des liaisons d'apparence logique, qui, à y regarder de près, ne présentent souvent aucune nécessité (or, donc, il s'ensuit).

[4] Je suggérais cette expérience de traduction en 1993 dans *B.F. Skinner : A Reappraisal* (Hove, Lawrence Earlbaum Associates, p. 64). La suggestion n'a, à ma connaissance, pas eu de suite ! A défaut d'expériences délibérées, on peut se rabattre sur l'observation des aventures de traductions publiées. Un exemple est fourni par les deux traductions de Heidegger parues il y a quelques années à peu près en même temps. L'une s'attachait à une fidélité littérale, et était obligée, pour ce faire, d'introduire en français des termes équivalents aux termes allemands déjà compliqués dans cette langue, et fort barbares dans la nôtre. L'autre ambitionnait de recréer le texte allemand pour le conformer au génie du français. L'écart était évidemment très grand, et chacun des deux traducteurs ne pouvait qu'estimer que l'autre avait trahi Heidegger.

[5] Piaget leur donna la réplique dans ce savoureux petit livre intitulé *Le Structuralisme* (Paris, Presses Universitaires de France, 1968). Je me souviens de l'amusement de mon collègue et maître Jean Paulus me brandissant une revue parisienne où un auteur se réjouissait, suite à la traduction de je ne sais quel ouvrage ou de l'invitation dans un congrès de je ne sais quel ami, de l'intérêt que, enfin, l'étranger témoignait envers le structuralisme.

[6] Comme l'indique la note 3 (chap. 1, p. 19), dans le titre de l'ouvrage *Nouvelle critique ou nouvelle imposture* publié en 1965 par l'éditeur J.-J. Pauvert, qui n'avait pourtant pas la réputation de complaisance pour les conservateurs.

Chapitre 2
Intermède : rendez-vous manqué avec Lacan

Quelle âme est sans défaut?
A. Rimbaud

Le grand Absent du Lutétia

Il me faut faire au lecteur un aveu. Conseiller scientifique d'un éditeur pour une collection de sciences humaines, oui, j'ai accueilli pour publication un ouvrage sur Lacan. J'y mis, comme on verra, quelques réserves, mais le fait est là. Des amis s'en étonnèrent, certains me blâmèrent pour mercantilisme; les vrais amis sont indulgents : ils ne m'en tinrent pas rigueur. Je me rachetai en faisant éditer des titres allant dans un autre sens, tel *Les Illusions de la Psychanalyse*[1], qui me valut, de la part d'autres amis, psychanalystes ceux-là, des blâmes plus cruels. Le livre faisait honte à la collection; il ne pouvait avoir d'autre excuse que l'esprit de lucre, ce qui ne pouvait qu'ajouter à la honte. L'auteur fut plus malmené : tout psychanalysé qu'il fût, il n'avait de toute évidence pas résolu son Oedipe.

Mais revenons au premier ouvrage, celui sur Lacan, qui me donna l'occasion, mais manquée, de rencontrer le Salvador Dali de la psychanalyse. L'auteur ne m'en voudra pas de conter, dans ses grandes lignes — celles qui ont directement trait à Lacan —, une histoire qui sera versée aux archives lacaniennes : s'agissant d'un psychanalyste, aucun événement, si insignifiant soit-il, ne peut laisser les fans ou les biographes indifférents. L'affaire débute en 1969.

L'auteur était une jeune femme, fraîchement diplômée en psychologie, dont le manuscrit constituait le mémoire de licence[2], jugé brillant par ses maîtres. L'un d'eux, qui avait et a gardé mon estime, me le recommanda. Je n'avais pas de penchant personnel pour l'œuvre de Lacan, on l'aura compris, mais la collection avait, dès sa création, adopté une ligne éclectique et ouverte aux orientations de pensée les plus diverses. L'éditeur, qui a son mot à dire dans sa politique de publication, respectueux de mes options en psychologie, m'interrogeait pourtant amicalement sur certaines célébrités en vogue à Paris, et sur lesquelles on l'y pressait de publier. Bref, je cédai.

J'y mis cependant une condition, tout à fait exceptionnelle, qui eut l'agrément de l'auteur : celle de faire précéder l'ouvrage d'un avant-propos, très court, du directeur de collection ; il fut convenu, naturellement, que le texte lui en serait soumis pour accord. L'auteur tenait, par ailleurs, à une préface de l'un de ses maîtres, et se faisait fort d'obtenir une préface de Lacan lui-même, et l'obtint en effet. Je reviendrai plus loin sur ce morceau d'anthologie. Si elle m'avisa, forcément, de la préface à attendre de Lacan, et me la remit, elle négligea d'informer Lacan de ma « Note liminaire »³. Elle trouva cette dernière fort bien venue, m'en remercia et m'en flatta par écrit. La préface de Lacan lui créait quelque embarras, mais elle se laissa persuader de n'y pas objecter, l'ayant elle-même sollicitée.

L'impression suivit donc son cours. Cependant, l'éditeur Charles Dessart, avec un esprit d'amicale provocation, décidait de marquer la sortie de l'ouvrage d'une réception de lancement dans les salons du Lutétia. Lacan y fut invité et promit de venir. On pouvait attendre les meilleurs esprits de Paris.

Une huitaine de jours avant l'événement survint un rebondissement inattendu. Lacan découvrait la note liminaire dans un exemplaire juste sorti de presse que l'auteur lui avait fait remettre. Il s'indigne (ce que l'on peut comprendre), annule sa présence à la réception, exige le retrait de ces deux pages. Interviennent alors des péripéties dont je passerai le détail : assignation en référé de l'éditeur (inattaquable en cette affaire) par l'auteur ; refus du directeur de collection de se rendre à Paris si l'auteur et le mari qui la conseillait devaient s'y trouver ; tentative de conciliation où l'éditeur, désespéré de la tournure que prenaient les choses, et avec l'espoir de faire revenir Lacan sur sa décision, accorde de faire découper au rasoir dans les exemplaires prêts à partir pour Paris les deux pages litigieuses — maintenues dans les exemplaires vendus hors de France. Il existe donc une partie « expurgée » du premier tirage de cet ouvrage, et une autre partie intacte. Ceci ne suffit pas à amener Lacan au Lutétia, où l'auteur ne pouvait se trouver, et la réception fut un four complet. Au terme de cette soirée, au bar de ce superbe hôtel de la gare d'Orsay qui devait se fondre peu après dans le musée le plus novateur de Paris, un éditeur belge s'engageait, sans que rien lui soit demandé, à ne pas réimprimer ce livre sur Lacan, même si le premier tirage venait à s'épuiser dans les vingt-quatre heures. Il mit quelques jours de plus à se vendre, mais l'éditeur tint promesse, et restitua immédiatement ses droits à l'auteur pour éviter de tomber dans la tentation. Voilà qui explique que l'ouvrage connut une éclipse de huit années, jusqu'à ce que le successeur de Charles Dessart, qui n'avait aucune raison de se sentir lié par ce serment, et pressé par les libraires de leur redonner le Lacan de Lemaire, retrouva l'auteur, qui avait suivi d'autres voies que la psychologie, et réédita l'ouvrage[4], qui connut encore en 1997 une huitième édition. Ce succès soutenu confirme l'influence que redoutent Sokal et Bricmont.

Ces péripéties, dont beaucoup sont laissées dans l'ombre parce qu'inutiles à mon propos, me privèrent donc du plaisir de rencontrer Lacan, mais non d'un bref échange de correspondance. J'avais pensé courtois de lui fournir certaines informations sur la manière dont s'étaient passées les choses, et de lui dire le bonheur que j'aurais eu, malgré quelques incidents, de le rencontrer lors de la réception parisienne. Sa réponse, que je tiens en mes archives, affichait sa superbe habituelle, et s'achevait par « Ne vous y frottez pas » (le *y* pour « Moi, Lacan »). Mais plus piquant, il adressa au recteur de l'Université à laquelle j'appartenais une lettre où il signalait à son attention la conduite de l'« un de ses administrés », comme un appel au père d'exercer son autorité punitive sur ce fils déviant. Par bonheur, mon recteur n'était pas lacanien, et j'échappai au châtiment.

J'ai dit que ce livre trouve encore lecteurs et même acheteurs. Qui le lit? Sans doute les psychanalystes d'obédience lacanienne, encore nombreux en France, où ils exercent une influence énorme sur les psychologues cliniciens. Des littéraires, qui sont sans doute justifiés à prendre ces textes, comme tout autre exercice sur les mots, comme matière à leurs analyses, et qui les abordent comme ils feraient de Mallarmé ou des surréalistes (dont Lacan fut proche, comme on sait, dans sa jeunesse, comme d'autres psychiatres devenus eux aussi célèbres, tel Julian de Ajurriaguerra, mais qui continuèrent de s'exprimer clairement).

Une Préface quintessentielle

Revenons à la *Préface* de Lacan. Elle couvre une douzaine de pages de caractères serrés. Elle présente plusieurs traits typiques du discours lacanien : une syntaxe alambiquée et s'amusant d'égrener chaque chose et son contraire; un délire de calembours; des procédés allusifs supposant des connivences que le lecteur courant ne possède évidemment pas. Quant au fond, on y devine un règlement de compte avec deux confrères[5]; un règlement de compte avec le monde universitaire et la psychiatrie officielle; à l'adresse de l'auteur du livre et de tous, des déclarations passablement narcissiques sur la vanité de se pencher sur ses œuvres; enfin, quelques échantillons de ces pirouettes pseudo-formelles faisant à la fois appel à la linguistique et à la mathématique (fort élémentaire encore).

Illustrons cela de quelques extraits qui ne pourront que distraire le lecteur.

> « Je pourrais faire état d'un contraste et dire qu'en 1960 mes deux L ne battaient que d'une, de ce que l'une d'ailes fut de ceux qu'on ne prend pas sans univers. J'entends là ce lichen qui vous unifie la forêt, quand il faut qu'elle vous cache l'arbre. » (p. 11)

«Mes Ecrits sont impropres à la thèse, universitaire spécialement : antithétiques de nature, puisqu'à ce qu'ils formulent, il n'y a qu'à se prendre ou bien à les laisser.» (p. 10)

«À la vérité, cet impossible est le fondement de son réel. D'un réel d'où se juge la consistance des discours où la vérité boite, et justement de ce qu'elle boite ouvertement, l'inanité par contre du discours du savoir, quand s'affirmant de sa cloture, il fait mentir les autres.» (p. 10)

«Mes L s'en tirent d'un coup d'éventail dont ils chassent cette 'première personne' de l'inconscient. Eux savent bien comment cet inconscient, je l'entu-ile, à leur gré. C'est 'en personne', nous disent-ils, qu'il vaut mieux l'engoncer.
Ils auraient pu se souvenir pourtant que je fais dire à la vérité 'Je parle', et que si j'énonce qu'aucun discours n'est émis de quelque part qu'à y être retour du message sous une forme inversée, ce n'est pas pour dire que la vérité qu'ainsi un Autre réverbère, soit à Tue et à Toît avec lui.» (p. 13-14)

«Cet appareil dont se figure... (Dieu sait que c'est un risque), où se figure l'apparole (qu'on accueille, de ce monstre-mot, l'équivoque), l'apparole, dis-je, qui se fait de l'Autre (dit Grand Autre), panier percé, pour accrocher de quatre coins le basket du désir, que l'a, balle-objet, va raidir en fantasme, cet appareil rigoureux, on s'étonne qu'à le sortir, on n'ait pas rendu secondaires, ou bien tenu pour résolus les chipotages sur la double inscription, puisqu'ils le sont par Freud lui-même, d'avoir promu, je dirai de mon style pressenti, le *mystic pad.*» (p. 15-16)

«Admettons qu'il soit correct d'user, brute, de la formule de la métaphore, telle que je la donne dans mon écrit sur Schreber (p. 557 des *Ecrits*), à savoir :

$$(1) \qquad \frac{S}{S'} \cdot \frac{S'}{x} \rightarrow S\left(\frac{I}{s}\right)$$

Cette scription est là, comme la suite le montre, pour en faire surgir la fonction du signifiant Phallus, comme signe de la «passion du signifiant». C'est ce que le x, à désigner habituellement la variable, indique.

La formule originelle, originale aussi, donnée dans «l'instance de la lettre» (p. 515) est :

$$f\left(\frac{S'}{S}\right)S \cong S(+)s$$

qui se commente du texte entier de cet Ecrit et ne se prêterait, elle, pas, ce qui devrait retenir notre L, à la transcription qu'on va voir.

Il s'agit de celle qu'on opère à partir de... l'analogie d'une scription de la proposition arithmétique qu'il faut dénuder de la mettre en chiffre : $\frac{1}{4} \bullet \frac{4}{16}$, ce qui fait en effet $1\left(\frac{1}{16}\right)$ (encore est-ce un hasard).

Mais que cet $\frac{1}{16}$ puisse s'écrire (pas par hasard) : $\frac{\frac{1}{16}}{\frac{4}{4}}$, quelle raison y voir de transcrire la formule (1), aux accents près des lettres, en : $\frac{\frac{S'}{s}}{\frac{S}{S}}$.

Pour tout dire, qu'a à faire la barre dont Saussure inscrit l'infranchissable relatif du signifiant et du signifié, dont on m'impute (faussement) d'y retrouver la barrière de l'inconscient et du préconscient, avec la barre, quelle qu'elle soit, dont s'indique la proportion euclidienne ?» (p. 16-17) [Italiques dans le texte; «notre L» renvoie ici à l'auteur, dont le nom commence par la même lettre — Lemaire — que les «deux ailes» mentionnées plus haut].

«Où eût même pu la [= *l'auteur, tantôt désigné par L, tantôt par 'aile'* ! MR] porter son $\frac{S}{S}$ inférieur, qui, tel qu'aile, ne peut rien vouloir dire d'autre sinon qu'un signifiant en vaut un autre, ce à partir du moment où, aile en était avertie, elle admet qu'un signifiant est capable de se signifier lui-même.

Car à savoir la différence qu'il y a de l'usage formel du signifiant, noté $\overline{S}$, à sa fonction naturelle, notée S, il eut appréhendé le détour même dont se fonde la logique dite mathématique.» (p. 18)

Ce n'est là qu'un échantillon. On objectera : mais vous ne comprenez pas. J'en conviens. Et vous ? Ou encore : vous ne faites pas l'effort de comprendre ? Je l'ai fait, mais j'ai un fâcheux penchant pour les auteurs qui font l'effort de se faire comprendre, et je ne puis y classer celui-ci. On m'objectera enfin : tout Lacan n'est pas de cette veine. Lisez le reste. J'en ai lu — pas tout je l'avoue — et n'en suis pas rassuré. Je reconnais pourtant qu'il se trouve des textes moins ambigus. Qui prouvent donc que leur auteur était capable d'écrire plus clairement. Pourquoi donc n'en avoir pas usé dans toute son œuvre ?

NOTES

[1] J. Van Rillaer, Mardaga, 1981, 4e édition 1996.
[2] La licence en psychologie dans les universités belges s'étale sur cinq années d'études, et comporte un travail personnel, dénommé mémoire, qui est une sorte de Master Thesis.
[3] Voici le texte *in extenso* de cette note liminaire qui figure en début de la première édition (1970), p. 7 et 8 :
« Que les faveurs de la mode se soient emparées de J. Lacan ne suffit bien sûr pas à le condamner, non plus d'ailleurs que certains ostracismes dont il fut l'objet. Dépassant les parti pris, il faut arriver à trancher : sa pensée est-elle hermétique, ou la nôtre bornée ? Son style déroutant à plaisir, ou le nôtre figé dans ses habitudes ? Est-il le mystificateur que montrent du doigt, curieusement réunis, freudiens orthodoxes et behavioristes rabiques, ou le Galilée de la psychologie contemporaine, qui aura révélé, pour la science de demain, le véritable centre autour duquel gravite l'âme humaine ?
Le premier devoir est d'inspecter l'œuvre, mais d'un regard sans distorsions et sans complicité. L'auteur de cet ouvrage ne se réclame d'aucune école, elle a travaillé et travaille sous la direction des meilleurs maîtres des Universités de Louvain et de Bruxelles. Elle a fait l'effort de lire et de relire J. Lacan avec honnêteté et in-

telligence. Elle est, à ce titre, un guide plus sûr peut-être que les disciples depuis longtemps engagés, moins suspect en tout cas que les adversaires, prisonniers d'une conception scientifique ou philosophique inconciliable avec celle de l'enfant terrible de la psychanalyse française.
Mais l'œuvre de J. Lacan tolère-t-elle d'être commentée et explicitée, souffre-telle d'être décantée ? Voici que Lacan lui-même le conteste, dans l'extraordinaire préface dont il a honoré ce livre, et qui fera date. La vérité, qui ne se dit jamais qu'à demi, est tout entière dans son discours. Tout commentaire la dénature, la débilite, la fuit. Tout enseignement se réclamant de lui est, par sa nécessité didactique même, objet d'extrême méfiance, voire de rejet.
Lui seul peut parler de son œuvre, plus exactement, parler son œuvre. Ainsi de l'artiste qui récuse tout critique, même le plus pénétrant et le plus élogieux et réclame pour lui seul le droit de s'interpréter.
Dieu sait si, en art, cette jalousie du créateur n'est pas toujours au bénéfice de sa création. Mais cela ne serait rien si, à la limite, cette attitude ne soustrayait radicalement l'œuvre à toute confrontation. Cette exacerbation de l'expression autistique aux dépens de la communication est difficilement soutenable en art, elle est intenable en science. Que Jacques Lacan excuse ceux qui ont pris sur eux de publier ce livre de n'avoir pas voulu le suivre dans cette impasse.
Face à une œuvre où, selon J. Lacan, 'il n'y a qu'à se prendre ou bien à la laisser', au lecteur de choisir s'il souhaite en rester là où la vérité n'est dite qu'à demi, ou tenter d'en découvrir l'autre moitié. »
Cette note, on l'aura deviné, comporte plusieurs allusions à la Préface de Lacan, commentée dans le texte.
[4] L'édition initiale était faite sous le nom Anika Rifflet-Lemaire, celle de 1978 sous le seul nom de Lemaire, pour des raisons faciles à interpréter. La couverture de la collection ayant fait peau neuve, celle de la dernière édition (1997) est ornée d'un portrait de Lacan.
[5] Identifiables comme Leclaire et Laplanche, qui furent de ses disciples.

Chapitre 3
Plaidoyer pour la métaphore

L'analogie en sciences - humaines et autres

À prendre au sérieux les jeux verbaux de Lacan et de ses émules, à analyser leur abus de notions de sciences exactes, Sokal et Bricmont leur prêtent, je l'ai déjà dit, trop de crédit. Pour reprendre la comparaison avec Salvador Dali, assurément un grand artiste du vingtième siècle, personne ne songe à rechercher dans ses montres molles les mécanismes techniques de la mesure du temps utilisables par les horlogers. On perçoit d'emblée que l'on est sur un autre plan. Si l'on situe immédiatement Lacan parmi les prosateurs issus du surréalisme et de quelques autres tendances de la littérature de son temps, et que l'on lise dans ce cadre ses fantaisies et facéties de langage, on ne songera pas à démonter ses erreurs et incompréhensions dans le maniement des concepts scientifiques : il ne les a appelés que pour nous en étourdir. Que, comme Dali sans doute, il s'en soit étourdi lui-même, et, à voir que le public en redemandait, il n'ait pas négligé d'amasser un peu d'argent en cultivant la mystification, on ne peut s'en étonner. Pose problème, naturellement, l'équivoque savamment entretenue d'offrir une matière intellectuelle dotée de sens. Et si des gens se laissent prendre à ce piège, il est bon que des esprits avertis le leur signalent. Il n'est pas sûr qu'ils seront entendus, car les « victimes » trouvent sans doute quelque plaisir à la fascination des mystificateurs.

Mais ces jeux gratuits de métaphores sur les sciences exactes ne seraient-ils, à y bien regarder, rien d'autre que la zone extrême d'une activité obligée de l'esprit, dont ne peuvent se passer ni la pensée quotidienne ni la pensée scientifique ? L'analogie, la métaphore[1], Aristote déjà l'avait observé, sont des outils essentiels dans nos efforts de compréhension du réel aussi bien que dans notre exploration des potentialités du langage. Chacun à sa manière, le scientifique en use autant que le poète. Celui-ci peut s'y adonner sans limites — sauf à ne point trouver de lecteurs, ce qui n'a guère de conséquences. Le premier se doit de s'imposer des règles, sans quoi ces exercices l'entraînent là il n'a que faire d'aller. Les métaphores, en science, doivent être didactiques ou heuristiques. Elles doivent nous aider à nous faire comprendre, ou bien à mieux chercher.

Voilà qui semble simple, mais comment tracer les limites entre la métaphore qui remplit bien ces fonctions et celles qui ne le font pas, voire qui égarent ? Il n'est pas possible de fournir des prescriptions. Mais il ne faudrait pas que, lisant Sokal, tous les chercheurs en sciences humaines s'interdisent toute incursion dans des domaines plus ou moins voisins de crainte de s'exposer, faute de maîtriser parfaitement ceux-ci, aux reproches féroces qui frappent les postmodernistes. Sokal et Bricmont, je sais, font le partage, et ne laissent nulle part entendre que leurs critiques englobent toutes les sciences humaines, en tous leurs représentants et en tous leurs aspects. Il faut compter, pourtant, avec les généralisations des lecteurs prompts à s'intimider. On y perdrait beaucoup.

Tout d'abord, on se priverait d'un outil, nous l'avons rappelé, essentiel dans la démarche scientifique, d'autant plus que l'on se trouve dans des domaines peu avancés, qui n'ont pas forgé encore un langage technique bien articulé, sans parler d'une formalisation rigoureuse. Il est tout à fait normal que, dans son usage, cet outil s'applique aux nouveautés de l'époque. La psychologie, pour m'en tenir au domaine qui m'est le plus familier, n'a cessé de faire appel aux technologies de son temps, que ce soit le magnétisme des hypnotiseurs, la dynamique des fluides chez Freud puis plus tard chez Lorenz, ou les ordinateurs de la psychologie cognitive. Chacun de ces «modèles» a fait ou fera son temps. Il n'en a pas moins aidé, ou aide encore pour ce qui concerne le dernier cité, à se construire une représentation momentanément utile de l'objet d'étude. Le modèle hydraulique de la régulation des instincts proposé par Lorenz était sans doute avant tout un procédé didactique fournissant un équivalent concret d'une représentation abstraite des mécanismes en jeu. Le grand éthologiste ne croyait vraisemblablement pas, littéralement, que les énergies instinctives consistaient en fluides s'accumulant dans un réservoir jusqu'à atteindre une pression seuil, etc. Il n'abusait nullement, ce faisant, des lois de l'hydraulique, qu'il comprenait d'ailleurs sans doute parfaitement. Il proposait une conception des processus en cause assez plausible sur base des observations éthologiques. Elle n'était pas immédiatement testable au niveau neurobiologique, mais pouvait éventuellement guider le chercheur dans ce domaine.

L'analogie de l'ordinateur comme modèle du fonctionnement cognitif est devenue courante en psychologie cognitive. Elle n'est pas simplement didactique, elle est heuristique, voire théorique. Disposant d'une machine capable de calculer, de résoudre des problèmes, voire d'apprendre par sa propre expérience, il était tentant d'y voir un modèle de notre machinerie mentale d'êtres humains, ou un modèle du fonctionnement de notre cerveau (ce qui pour certain revient au même, pour d'autres est tout à fait différent). On a donc monté des expériences partant de l'hypothèse que les opérations mentales pouvaient effectivement se comparer aux modes de fonctionnement algorithmiques typique des ordinateurs. Comme en témoignent pas mal de résultats de la psychologie expérimentale, l'analogie n'est pas sans fondements. Elle a, faut-il s'en étonner, servi à élaborer des théories parfois de portée très générale, dites computationnelles[2]. On peut débattre, évidemment, des limites de telles théories : seront-elles capables, par exemple, de rendre compte de la conscience, comme le soutient l'un des représentants les plus réputés de ce point de vue, Johnson-Laird[3]? S'appliqueraient-elles aux émotions aussi bien qu'aux processus cognitifs *stricto sensu*? Ces débats demeurent ouverts. Il se peut que, dans cinquante ans, l'exploitation de l'analogie de l'ordinateur par les psychologues apparaisse naïve et ridicule. Elle n'en aura pas moins servi, et incontestablement elle aura permis certains progrès. Du moins est-ce le jugement que l'on tend à porter aujourd'hui. Il se pourrait cependant qu'avec le recul du temps l'analogie apparaisse plus comme un frein au progrès de la psychologie que comme un stimulant. Il peut arriver, en effet, qu'une analogie prise trop littéralement fasse obstacle à une compréhension de la réalité à laquelle on la rapporte. Ainsi en fut-il pendant des siècles de l'analogie entre la circulation du sang à partir du cœur et les procédés d'irrigation des jardins, qui voila aux yeux des physiologistes les mécanismes circulatoires[4].

Naturellement, les modèles computationnels tels qu'on les trouve présentés et discutés par la plupart des psychologues compétents n'ont pas grand chose en commun avec les élucubrations des prosateurs postmodernes. Ils sont intelligibles pour quiconque s'est donné la peine d'acquérir les connaissances prérequises. Ils sont adéquats à l'objet étudié. Ceux qui s'en servent ont généralement, de première ou de seconde main, une compétence raisonnable dans le domaine auquel ils empruntent. En outre, ils sont pris au sérieux par une partie au moins des spécialistes de l'informatique, justement intéressés par leurs travaux qui leur suggèrent des analogies en sens inverse : le fonctionnement de l'esprit humain leur paraît une source d'inspiration féconde pour développer les performances des ordinateurs. Voilà un cas où l'analogie à valeur heuristique est réciproque. C'est un peu comme si Sokal trouvait dans la psychanalyse lacanienne un modèle utile à résoudre ses problèmes de physique !

Il est vrai que les spécialistes de l'ordinateur sont divisés sur l'intérêt de ce que font leurs confrères en psychologie cognitive. Certains d'entre eux estiment totalement futile de s'inspirer de l'esprit humain pour arriver à leur but. En gros, s'ils cherchent, par exemple, à ce que l'ordinateur soit capable de comprendre et de produire du langage humain, ils ne croient pas devoir s'encombrer de la manière dont cela se passe chez l'homme, ni au niveau psychologique, ni au niveau cérébral. Tout ce qu'il leur faut, c'est une caractérisation adéquate des performances à produire. La manière d'y parvenir, ils en font leur affaire. Ils ont, pour justifier cette approche, de nombreux précédents dans les sciences de l'ingénieur. Les engins, comme le vérin à huile, qui ont permis de remplacer, en l'amplifiant, la force musculaire n'ont que de lointains rapports avec nos os et nos muscles.

Cet exemple illustre bien ce qu'il reste d'aventure dans le recours à l'analogie d'une discipline à l'autre. Rien ne permet, *a priori*, dans ce cas, de trancher en faveur de l'une ou de l'autre des deux positions concernant la valeur heuristique des modèles psychologiques pour le spécialiste des *computer sciences* : chacun suit son chemin comme il l'entend, et l'on verra où il mène.

Le modèle de l'évolution des espèces offre une autre illustration de l'emprunt d'une analogie à une autre science. Il s'est, depuis Darwin, enrichi et nuancé à la faveur des progrès spectaculaires de la biologie, mais conserve ses éléments essentiels : les espèces nouvelles se sont formées par pression sélective du milieu sur un matériau vivant présentant des variations, les mutations génétiques. On sait que la philosophie sociale s'est emparée, au dix-neuvième siècle, de l'évolutionnisme pour expliquer, et justifier, des rapports de force entre groupes sociaux. Il y avait là une perversion de la théorie scientifique, qui témoignait d'une incompréhension de sa véritable nature, donc d'un abus, par ce que l'on n'appelait pas encore des sciences humaines, d'une analogie empruntée à une science plus solide bien que fort incertaine encore. L'abus était bien plus lourd de conséquence que ceux reprochés aux postmodernistes, dont les répercussions politiques me paraissent assez minces. Malgré les erreurs d'interprétation du darwinisme biologique, on peut comprendre le succès de l'analogie constitutive du darwinisme social. On peut certes en argumenter la réfutation scientifiquement, mais il est plus sûr de lui opposer d'emblée des arguments éthiques[5]. Ce darwinisme social n'est plus un thème actuel des sciences humaines, mais il s'en trouve encore des traces dans le libéralisme économique outrancier qui gère aujourd'hui les affaires humaines[6].

Après cet avatar pourtant, l'analogie évolutionniste a été reprise dans d'autres termes par des disciplines diverses. En psychologie, Piaget, dans sa quête des sources de l'esprit humain, dans ses accomplissements les plus avancés de la logique et des sciences, y a largement eu recours. En théorie de la connaissance, Popper a fondé sa conception de la construction des savoirs sur le modèle évolutionniste, comparant les hypothèses se succédant dans l'histoire des sciences à des espèces disparaissant, ou survivant pour un temps plus ou moins long. Dans la branche de la neurobiologie qui s'intéresse au développement du système nerveux, et où l'on ne travaille pas à l'échelle de l'histoire des espèces, mais à celle de l'organisme, Changeux a appliqué le modèle évolutionniste à la structuration ontogénétique des réseaux synaptiques. Dans une autre branche de la psychologie, Skinner l'a utilisé pour rendre compte de la constitution des répertoires de comportement à travers le processus de conditionnement dit opérant.

Il s'agit, dans tous les cas, d'une transposition dans un autre contexte de la théorie originale, qui concerne strictement l'histoire des espèces vivantes. L'analogie part sans doute d'une idée intuitive, appliquée comme une grille de lecture à des faits qui se laissent lire ainsi, mais non de façon contraignante. Elle reste abstraite, avec statut d'hypothèse plausible, sauf peut-être dans le cas de la stabilisation sélective de Changeux qui propose au moins des données empiriques nettes s'accommodant parfaitement de cette interprétation. Ce cas privilégié fournit d'ailleurs un argument supplémentaire en faveur de l'hypothèse dans les autres domaines, argument de vraisemblance, qui n'est pas d'une très grande force, mais n'est pas négligeable : si le modèle semble confirmé, ne serait-ce qu'en un cas, en dehors du champ strict de la formation des espèces, il n'est pas déraisonnable de penser qu'il pourrait trouver confirmation dans les autres cas (par exemple au niveau des comportements, donc de l'organisme individuel, comme c'est le cas pour les réseaux synaptiques de Changeux ; ou au niveau de l'histoire des idées, ou plus largement de l'histoire culturelle — mais dans un tout autre sens que dans le darwinisme social). Il se pourrait que l'analogie soit abusive, mais rien n'autorise à en décider, et il serait malvenu de l'interdire. Elle produit incontestablement des changements de perspective très féconds dans les disciplines concernées.

Ainsi, en psychologie, elle introduit une approche populationnelle là où dominait une pensée normative. Férus de lois générales, les psychologues s'étaient concentrés, depuis les débuts de leur discipline, sur la nature humaine saisie à travers les valeurs moyennes des observations recueillies, construisant un prototype d'«homme moyen» à l'instar de ce qu'ambitionnait Quételet dans sa *Physique sociale*[7]. Les différences interindividuelles n'apparaissaient, dans cette perspective, que comme des déviations par rapport à la tendance centrale qu'il convenait de neutraliser, à défaut de les éliminer, par le recours aux procédés statistiques destinés précisément à se débarrasser de ces «scories». Elles n'étaient donc pas prises en compte dans les théories psychologiques générales, pour être reléguées dans le domaine marginal de la psychologie appliquée, qui sert souvent de poubelle à ce dont les psychologues « fondamentalistes » ne daignent pas se préoccuper. Or les différences interindividuelles ne traduisent pas moins une caractéristique essentielle de l'espèce humaine que l'homme moyen dérivé des distributions statistiques. Elles constituent ce stock de variations fournissant au destin de l'espèce sa dynamique à travers le temps. D'une façon analogue, les variations intraindividuelles peuvent être conçues comme la source même de la dynamique du développement, de la flexibilité d'adaptation, de la créativité, dans une vision qui réconcilie les modes d'adaptation élémentaires comme le conditionnement (ou apprentissage associatif) et les formes les plus élaborées de l'activité intelligente et de la création[8].

On pourrait multiplier les exemples montrant tout le bénéfice que l'on peut tirer de ce qui se passe dans les disciplines voisines, ou même plus éloignées. Ce profit n'est d'ailleurs pas à sens unique, malgré l'attraction des sciences exactes que nous commenterons dans un instant. Il arrive, il est vrai plus rarement, qu'un physicien trouve son inspiration dans la biologie, voire dans la psychologie. Prigogine (que Sokal et Bricmont ne semblent pas tenir en très haute estime, mais il faudrait qu'ils nous expliquent pourquoi) reconnaît sa dette envers la biologie à l'origine de ses travaux sur les structures dissipatives. Dans les années 1960, le physicien Léon Rosenfeld, élève de Bohr, alors à la tête de l'Institut atomique scandinave à Copenhague, ne cessant de s'interroger sur les questions épistémologiques, tomba sur un ouvrage de Piaget et décida d'en apprendre plus. Il prit le train pour Genève et fut pendant plusieurs années l'hôte du séminaire annuel d'épistémologie génétique. On pourrait multiplier les exemples.

Fascination des Sciences exactes

Il ne faut pourtant pas s'attendre avant longtemps à ce que le flux des métaphores entre sciences exactes et sciences humaines se fasse symétriquement. Sokal et Bricmont invitent les spécialistes des dernières à ne pas tant chercher à s'appuyer sur les premières. Ils leur conseillent de travailler sur leur propre terrain, où ils ont fort à faire, et où les problèmes trouvent bien à se formuler, voire à se résoudre, sans s'abriter derrière les avancées de la physique. C'est là un très bon conseil. Ils l'illustrent d'un exemple aussi classique que sensé : « Après tout, les psychologues n'ont pas besoin de s'appuyer sur la mécanique quantique pour soutenir que *dans leur domaine* 'l'observation affecte l'observé'; c'est une banalité, quel que soit le comportement des électrons et des atomes » (p. 190). Sans doute, et n'est-il pas piquant de rappeler que l'équation personnelle de l'observateur, qui devait être à l'origine de l'intérêt des physiologistes puis des psychologues du dix-neuvième siècle pour les temps de réaction, fut d'abord mise en évidence dans un observatoire d'astronomie, où un assistant se vit congédié pour avoir fourni des mesures légèrement (mais systématiquement) différentes de celles de son patron. Il est vrai que les psychologues, impressionnés par cette histoire, s'attachèrent à éliminer ou à neutraliser leur influence sur leurs sujets, plutôt que de l'admettre et de l'étudier; et qu'ils ne se mirent sérieusement à s'en préoccuper que beaucoup plus tard, et vraisemblablement sous l'inspiration des nouvelles formulations proposées par la physique quantique.

Oui, Sokal et Bricmont ont raison et leurs conseils sont excellents. Mais comment débarrassera-t-on les psychologues (et plus largement les autres spécialistes des sciences humaines, mais à un moindre degré) de la fascination des sciences exactes, et particulièrement de la physique ? Il ne faut pas oublier le poids de l'histoire. N'était-il pas naturel que, science naissante, la psychologie regarde comme un exemple à suivre sa sœur aînée ? Il ne faut pas oublier que les premiers maîtres qui réalisèrent les premières expériences de laboratoire qui font partie aujourd'hui du corps de connaissances de la psychologie furent souvent des physiciens (et tout à la fois physiologistes, ou médecins, et toujours philosophes de quelque manière). Et que leurs premières recherches, inaugurant la psychophysique, s'appuyaient sur la possibilité que leur offrait la physique de leur temps de contrôler rigoureusement le stimulus capté par nos organes sensoriels, notre œil, notre oreille, pour donner lieu à nos sensations[9].

En outre, on peut comprendre que, tentant de s'émanciper du giron de la philosophie, la psychologie ait cherché à asseoir sa scientificité sur les principes des sciences exactes, garantes exemplaires de la rigueur et de l'objectivité qu'il s'agissait de substituer au discours subjectif, et non contrôlé, du philosophe. D'où, jusqu'aujourd'hui, l'obsession des psychologues pour la méthode : l'enseignement des méthodes — observation, méthode expérimentale, plans d'expérience, statistiques, etc. — tient une place étonnamment importante dans le programme de formation des étudiants en psychologie, sans équivalents dans les programmes de sciences, où les méthodes s'apprennent pour l'essentiel en même temps que les problèmes qu'elles visent à résoudre. Cet excès explique peut-être le rejet par une partie des psychologues, principalement ceux qui se consacrent ou se destinent à la pratique, et plus particulièrement à la clinique, de tous ces attributs de la scientificité, dont ils ne voient pas toujours à quoi ils mènent dans les problèmes concrets qu'ils ont à traiter. On ne peut leur donner entièrement tort. Mais il en résulte un clivage de plus en plus prononcé entre l'approche strictement «scientifique» traditionnelle, et l'autre, qui se réclame par exemple de l'humanisme (au sens où ce terme est pris aujourd'hui dans une école de psychologie clinique et de psychothérapie), et qui insiste sur le *comprendre* plutôt que sur l'*expliquer* (reprenant une vieille distinction faite en Allemagne au siècle passé et qui n'a cessé d'opposer deux tendances au sein des sciences humaines; on y reviendra plus loin). C'est aux franges de ces courants que l'on trouve les mouvements de charlatans auxquels s'en sont pris Sokal et Bricmont, qui, paradoxalement, se cherchent une nouvelle dignité scientifique en exploitant avec allégresse les notions les plus ésotériques des sciences exactes actuelles! Il n'est pas rare d'ailleurs que les psychologues de l'autre camp se voient accusés de retardataires, rivés à des paradigmes complètement dépassés dans les sciences physiques, autant qu'insensibles à l'importance de l'écoute de l'autre dans la relation thérapeutique. J'ai vu, il n'y a pas si longtemps, des collègues appartenant à cette orientation objecter à la candidature d'excellents cliniciens ancrés dans une approche scientifiquement sérieuse en prétextant de l'importance de préserver dans la Faculté quelques îlots où se maintienne le «sens de l'écoute», comme si l'ancrage scientifique était incompatible avec ce don.

Pièges du langage courant et métaphores floues

Que faire pour éviter ces dérives dans l'usage que font les sciences humaines des disciplines plus anciennes, mieux établies, et dont les succès bien naturellement les attirent? On ne peut leur interdire de regarder ce qui se passe de l'autre côté du mur. Et on ne peut les empêcher, quelquefois, de prendre des vessies pour des lanternes. Les mots souvent prêtent à ces confusions, et il faut du temps, et beaucoup d'acharnement pour s'en désengluer.

Tous les langages scientifiques tirent leur origine du langage courant, et la plupart d'entre eux continuent d'user de quantité de mots qui ont un sens, ou des sens, généralement différents, dans la langue quotidienne. Seules les disciplines hautement formalisées comme les mathématiques, la physique théorique, ou la logique formelle ont forgé un langage purement technique, non équivoque, non susceptible d'interprétations. Encore n'est-ce pas à l'abri de toute confusion, car il n'est pas rare que des ensembles de constructions très sophistiquées en ces domaines soient étiquetés de termes empruntés au langage courant, mais avec un sens technique tout à fait à l'encontre de l'intuition linguistique du locuteur ordinaire. Il ne va pas de soi, étant donné l'usage habituel du mot *information*, que la notion d'information dans la théorie du même nom se rapproche plus de la notion courante d'*incertitude* que de celle d'*information*. Une fois qu'on l'a compris, tout s'éclaire. Les termes *chaos*, *catastrophes*, *big bang* (une merveilleuse métaphore !) posent les mêmes pièges. On pourrait demander aux mathématiciens et physiciens pourquoi ils ne désignent pas *toujours* — car ils le font souvent — leurs théories par des néologismes ou par quelque symbole parfaitement neutre. Sans doute répondraient-ils, non sans raison, que cela ne servirait à rien, puisque les abus et les erreurs surviennent aussi bien lorsqu'ils évitent les mots de la langue courante, pour s'en tenir, par exemple, au nom du savant qui a proposé tel modèle, comme le fameux théorème de Gödel, dont le nom n'est pour rien dans les interprétations qu'il provoque. A moins qu'ils ne revendiquent, dotés du même cerveau que tout un chacun, le droit d'user comme tout le monde de métaphores et de se réchauffer de temps à autres aux paroles de la vie journalière, quitte à les doter de sens neuf.

Ceci dit, il convient de dédramatiser l'usage parfois approximatif que font les spécialistes des sciences humaines des analogies avec les sciences exactes ou même avec les sciences biologiques. Au risque de jouer un peu du paradoxe, et de passer pour l'avocat du diable — le pauvre y a droit comme tout le monde —, je soutiendrai que même des analogies mal justifiées peuvent avoir quelque vertu et se révéler fécondes pour ceux qui s'en servent. Ainsi, les emprunts relativement superficiels faits à des théories mathématiques ou physiques qui formalisent des changements d'états, et notamment le passage du désordre à l'ordre, ont le grand mérite d'avoir encouragé nombre de spécialistes des sciences humaines à abandonner leur timidité face à des ruptures dans le décours régulier des phénomènes psychologiques, ou sociologiques, une manière de voir peu acceptée par les théories dominantes. Pour prendre des exemples très élémentaires compréhensibles par tous, les conceptions classiques de l'apprentissage, fondées sur des données recueillies chez des groupes d'animaux et peu attentives de ce fait aux particularités de l'acquisition individuelle, décrivaient généralement l'apprentissage comme une progression régulière des performances. Or si l'on regarde l'évolution individuelle des apprentissages, cette régularité n'est pas toujours la règle ; souvent s'observent des sauts brusques, des restructurations soudaines. Des phénomènes analogues se présentent en psychologie du développement. Et bien sûr aussi dans la vie des groupes. Peu importe que les « modèles » physiques ne soient pas parfaitement compris, ou ne soient de toute façon pas vraiment applicables, si l'expression métaphorique a fourni la chiquenaude qui amène le psychologue ou le sociologue à changer de perspective, et à apercevoir l'importance de choses jusque là délaissées.

Nous avons vu plus haut l'intérêt qu'a suscité, en dehors de son contexte d'application initial, le modèle évolutionniste, et comment il a favorisé en psychologie une approche populationnelle qui prenne en compte les différences interindividuelles comme une dimension essentielle, négligée en raison de l'ambition excessive de définir l'«homme moyen».

Les modèles cybernétiques, qui mirent en honneur la notion de rétroaction (*feedback*), donnèrent une véritable impulsion à l'étude attentive des effets en boucles en biologie et dans les sciences humaines.

Dans tous ces cas, il n'est peut-être pas très important que l'analogie exploitée l'ait été avec une parfaite rigueur, avec une connaissance toujours sans faille de l'univers de savoir auquel l'emprunt était fait, avec une vérification stricte de l'isomorphisme entre les deux domaines, celui de l'emprunt et celui qui emprunte. L'essentiel, c'est que l'analogie ait servi, heuristiquement, qu'elle ait stimulé dans la science qui se l'approprie l'exploration d'une voie nouvelle, ou, comme c'est souvent le cas, d'une voie jusque là déconseillée. Il est facile, après coup, de dire que le recours à cette analogie n'est pas nécessaire pour...; que ce que l'on fonde sur l'analogie est en soi banal pour la discipline en cause, comme font Sokal et Bricmont à propos de l'effet de l'observateur sur l'observé. C'est là un regard facile à porter en arrière. Mais au moment où l'on invoque l'analogie, c'est souvent parce que d'autres facteurs, internes à la discipline, font obstacle à la constatation, ou à la prise en compte, de ce qui, plus tard, n'apparaît plus que comme une banalité.

Les métaphores floues, donc, ne sont pas sans mérite. Et si l'on pouvait montrer qu'elles ont vraiment aidé les psychanalystes lacaniens et les philosophes postmodernes à mettre de l'ordre dans leurs affaires, et à progresser dans leur savoir, le réquisitoire de Sokal et Bricmont devrait être retiré. Je n'irai pas plus loin dans la défense du diable. Souvenons-nous que la métaphore est un jeu de la liberté, un exercice producteur de nouveauté, d'inattendu, d'insolite, l'une des sources principales de l'enrichissement du langage humain, et c'est vrai qu'il ne va pas sans risques. Ses errements, voire ses extravagances sont le prix à payer pour que ce jeu se poursuive.

Règles du jeu des métaphores

Les jeux ne perdent pas tout leur intérêt parce que l'on y met plus de règles. Il arrive même que ce soit l'inverse, si l'on en juge pas la passion des joueurs de bridge ou de golf. Au jeu de la métaphore en science, il vaut mieux imposer quelques règles auxquels se tenir. Tentons donc de légiférer.

Règle première : ne hasarder l'analogie ou la métaphore à partir d'une autre science que si l'on a sérieusement pénétré et compris celle-ci, du moins dans son champ particulier auquel se réfère l'analogie ou la métaphose en question.

Règle deuxième : justifier avec rigueur la transposition analogique ou métaphorique d'un champ à l'autre.

Règle troisième : exprimer clairement, d'une manière dénuée d'équivoque, les rapports ainsi établis, de sorte que personne ne soit amené à les interpréter autrement.

Règle quatrième : rendre l'analogie ou la métaphore également acceptable à des experts des deux disciplines en cause — et s'il se peut, à l'aide de quelques artifices didactiques, à l'honnête homme intelligent.

Etc, etc.

Voilà tant d'exigences qu'on hésiterait à métaphoriser. Comment garantir un respect approché de ces exigences ?

Elles soulèvent, en réalité, dans le contexte particulier qui nous occupe, le problème plus général de la pluridisciplinarité dans la construction des savoirs aujourd'hui. Comment espérer que les spécialistes des sciences humaines acquièrent une connaissance de première main des sciences exactes alors qu'au sein de celles-ci, il est devenu bien difficile de maîtriser plus qu'une sous-spécialité très pointue, que de moins en moins d'esprits sont capables de dominer le champ entier de leur discipline ?

Le rêve de la pluridisciplinarité

La pluridisciplinarité est un idéal très difficile à atteindre. Il ne faut pas se le cacher. Elle se réalise le mieux sur le terrain, lorsque la solution d'un problème l'impose, et que gens de domaines différents se rencontrent pour le résoudre. Au fil de l'histoire des sciences, on voit ainsi se nouer des coopérations qui finissent par ne plus poser aucun problème, qui encouragent à des formations véritablement pluridisciplinaires, d'autant plus aisées évidemment que les disciplines qui s'associent sont proches les unes des autres. Ainsi a-t-on vu se créer des disciplines frontalières, physicochimie, biochimie, psychophysiologie, sociopsychologie, etc. ; puis se constituer des champs de rencontre, unissant chimistes et pharmacologues, éthologistes et agronomes, logiciens et informaticiens, ingénieurs et économistes, médecins et psychologues, sans compter les multiples alliances impliquant des mathématiciens, appelés à la rescousse par à peu près toutes les autres sciences ; et nous nous en sommes tenus aux unions de couple, car on pourrait continuer l'inventaire avec les triades et les groupes plus larges. Beaucoup des réalisations les plus spectaculaires de la science contemporaine sont le fruit de collaborations multidisciplinaires très complexes : que l'on songe aux recherches spatiales, ou aux techniques chirurgicales devenues les plus courantes. Il faut avoir tout cela à l'esprit pour ne pas s'abandonner aux lamentations sur l'anaccessible pluridisciplinarité. C'est au contraire l'un des miracles de la dynamique scientifique que d'assister à ces convergences en même temps que l'explosion des connaissances entraîne un morcellement perpétuel. Certes, la plupart des succès se trouvent dans des champs d'application, à la faveur de problèmes pratiques, ou lorsque survient, dans une science quelconque, une question dont on ne viendra à bout qu'en faisant appel à une autre science : on va la chercher, et éventuellement tout s'arrange. Dans ces cas, la pluridisciplinarité n'est pas simple exercice métaphorique, naturellement ; elle est combinaison technique précise. Encore faut-il savoir que les autres sciences existent, et qu'elles ont peut-être quelque chose d'utile à proposer.

Dans des domaines plus théoriques et plus éloignés les uns des autres, comme dans les cas incriminés par

Sokal et Bricmont, la pluridisciplinarité est plus hasardeuse, et *a fortiori* n'est-elle réalisable, dans le respect au moins partiel des règles proposées plus haut, que si les gens y sont préparés. Nous voici donc renvoyés aux conditions de l'éducation intellectuelle à travers toute la scolarité, et dans la tradition universitaire. Une discussion approfondie de ce problème nous entraînerait bien au-delà des limites de ce petit pamphlet. J'en évoquerai seulement quelques facettes.

Tout d'abord, il s'est maintenu, et même plus profondément creusé avec le temps, un fossé, non seulement entre sciences et arts, mais entre sciences (exactes et naturelles) et sciences humaines. Cette opposition a des racines historiques et épistémologiques. Elle paraît fondée et essentielle à beaucoup; à d'autres, dont je suis, artificielle et néfaste. Elle tire origine notamment de la distinction, qui remonte au siècle passé, entre Sciences de la Nature (*Naturwissenschaften*) et Sciences de l'Esprit (*Geistwissenschaften*). Elle se fonde sur l'idée que les sciences de l'homme — qui regroupent les domaines traditionnels de la philosophie, de la philologie, de l'histoire, et les domaines plus récents de la psychologie, de la sociologie, de l'anthropologie culturelle — se distinguent radicalement des sciences naturelles par la spécificité de leur objet : l'esprit humain, qu'abordent, chacune à sa façon, les sciences humaines, est d'une autre nature que la matière, inerte ou vivante; l'homme est être de langage inscrit dans l'histoire; son étude appellerait, comme on l'a vu plus haut, une démarche de *compréhension* plutôt que d'*explication*. Cette conception est résolument dualiste, malgré les protestations qu'en feraient certains adeptes. L'importance du langage et de la dimension historico-culturelle dans l'espèce humaine est une évidence que personne ne songe à mettre en doute. Mais ceci justifiet-il le clivage radical entre deux grands territoires du savoir ? Pourquoi introduire cette rupture lorsqu'on en vient à l'hommme, alors qu'elle ne s'est pas imposée lorsqu'on est passé des sciences de la matière inanimée à celles de la matière vivante (qui ne s'intéressent pas moins à l'homme, d'ailleurs, que les sciences dites humaines) ? Dans la pratique de la science, la dichotomie est souvent source d'embarras. Elle rend inconfortable la position des disciplines situées à l'interface entre sciences de la nature et sciences humaines, et qui lui opposent, par leur existence même, un véritable démenti : la géographie, tiraillée selon les lieux entre « sciences » et « lettres » en est un vieil exemple, mais plus flagrants sont les cas de la psychobiologie, de la neuropsychologie, ou de la psychologie comparée et de l'éthologie, disciplines qui ne peuvent évidemment s'accommoder d'une séparation entre biologie et sciences humaines. Une autre conception voit une continuité là où la première place une rupture. Elle ne minimise pas pour autant l'importance des facteurs nouveaux qu'introduisent le langage et la transmission culturelle, pas plus que la biologie ne prend à la légère la spécificité du vivant. A complexité nouvelle dans l'objet étudié, il est tout à fait normal que correspondent des méthodes nouvelles et des modèles théoriques originaux. Mais ni les unes ni les autres ne suffisent à soustraire les sciences dites humaines aux démarches générales de l'entreprise scientifique non plus qu'au projet d'une intégration des sciences dans un ensemble certes complexe, mais cohérent. L'idée d'une continuité liant les sciences humaines aux sciences de la nature n'implique d'aucune manière le réductionnisme.

On peut débattre, évidemment, du bien-fondé des ces deux conceptions. J'ai dit quel était mon choix, mais admets que si d'autres font un choix différent, c'est sans doute que les arguments en faveur du mien ne sont pas parfaitement contraignants. D'un point de vue simplement pragmatique, on gagne beaucoup à rejeter l'opposition entre sciences humaines et les autres, ne serait-ce qu'en se débarrassant de toutes les difficultés rencontrées par les sciences d'interface que nous avons évoquées ci-dessus. Dans le mouvement actuel des sciences, et notamment avec l'extraordinaire développement des sciences du cerveau, les neurobiologistes débouchent plus nettement que jamais sur des questions qui relèvent de la psychologie et de la sociologie. Ils se tournent donc vers ces disciplines. S'ils trouvent la porte fermée, que peuvent-ils faire, sinon les réinventer pour leur compte? S'ils se heurtent à des démarches qui s'affirment d'emblée incompatibles avec les leurs, et fuient tout dialogue, comment s'étonner qu'ils se retranchent dans des vues réductionnistes?

Un second problème, quant à la pluridisciplinarité, découle du rétrécissement des horizons des universitaires. Avec l'expansion démesurée de tous les savoirs spécialisés, la part qui revenait jadis à la formation dite «générale» n'a cessé de s'amenuiser. Cette formation générale consistait principalement en matières philosophiques, parfois historiques et littéraires, inscrites au programme des diverses facultés, en doses variables, mais longtemps substantielles. Elle était particulièrement importante dans les filières aujourd'hui rangées dans les «sciences humaines» (ce que les anglo-saxons nomment *humanities*, plus les études juridiques), mais n'était pas négligeable dans les études scientifiques et médicales. Sous prétexte de l'extension des savoirs spécialisés, elle a été progressivement abandonnée pour faire plus de place à ces derniers, jusque dans les études littéraires et historiques! La situation varie d'une tradition universitaire à l'autre, voire d'une université à l'autre dans le même pays, mais la tendance générale se retrouve partout. Il en résulte une totale ignorance des sciences humaines chez les « scientifiques »[10], égale à l'ignorance des sciences parmi les sciences humaines.

Il eut fallu prendre la direction opposée : au lieu de grignoter peu à peu la formation philosophique jadis imposée à tous, il eût fallu la maintenir, en l'adaptant, et symétriquement introduire dans les filières de sciences humaines une formation à la pensée scientifique. Cette formation croisée serait une préparation au dialogue interdisciplinaire. Celui-ci ne s'établira cependant pas par l'obligation faite aux étudiants de suivre quelques cours d'introduction générale aux domaines qui ne sont pas de leur spécialité. Il exige une interaction concrète avec eux, à travers toute la formation universitaire, et après. On objectera toujours que le temps manque déjà pour apprendre tout ce qui « doit » l'être dans son champ de spécialité. Le temps manque, en effet, de toute façon ; c'est une bonne raison pour l'employer autrement, et d'une manière qui bénéficie à tous.

L'enfermement auquel nous assistons aujourd'hui des grands blocs de sciences — humaines d'un côté, exactes et naturelles de l'autre — est à mes yeux l'un des facteurs qui explique les courants antiscientifiques et antirationnels actuels, lesquels engendrent à leur tour l'irritation des scientifiques, puis leur désarroi, face à la menace qui pèse sur la poursuite de leurs activités. Généralement convaincus de l'utilité de leur travail, ils comprennent mal qu'il puisse être mis en question, peu préparés qu'ils sont à analyser les aspects psychologiques, sociologiques, historiques des mouvements d'opposition auxquels ils se heurtent. De leur côté, les tenants des sciences humaines, peu avertis des réalités de la recherche et de l'application scientifiques, s'en font néanmoins les critiques, ou les posent en ennemis entravant la reconnaissance de leur territoire.

Une véritable formation à la pluridisciplinarité ne suffira vraisemblablement pas à supprimer les « impostures » dénoncées par Sokal et Bricmont, pour des raisons discutées plus haut. Mais elle les réduira, et surtout elle en atténuera l'influence, et c'est ce qui, après tout, importe; que Lacan s'amuse à disserter des nœuds gordiens n'a, en soi, que peu d'importance.

NOTES

[1] Je n'entreprendrai pas ici une discussion technique sur les distinctions entre métaphore et analogie, non plus que sur les différentes formes et les différents niveaux de l'une et de l'autre. Le lecteur se reportera aux travaux spécialisés des maîtres de la rhétorique. Pour une discussion concise et claire de l'analogie dans les sciences humaines, on se reportera utilement à l'ouvrage de M. De Coster, *L'analogie en sciences humaines*, Paris, Presses Universitaires de France, 1978.
[2] Le terme renvoie aux modes de fonctionnement de l'ordinateur au niveau le plus abstrait, non celui de ses composantes physiques, mais de ses opérations logiques en jeu lorsqu'il calcule et raisonne.
[3] Voir Johnson-Laird, P.N., 1988, A computational analysis of consciousness, in Marcel, A.J. et Bisiach, E. (eds), *Consciousness in contemporary science*, Oxford, Clarendon Press, 357-367.
[4] L'exemple est fourni par Canguilhem, et cité de De Coster, 1978 (voir note 1).
[5] De même que le racisme, s'il peut être combattu par des arguments scientifiques, l'est plus sûrement encore par des arguments éthiques. Car, comme le soulignait Dobzhansky, celui qui recherche dans la science les arguments contre le racisme s'expose à devenir raciste si, par hasard, la science, dont on ne peut ni prédire ni prescrire le cours futur, venait à fournir des preuves de l'infériorité

de certaines «races». L'égalité des hommes indépendamment de leurs particularités biologiques est une conquête morale — combien imparfaite — de l'humanité, non une donnée scientifique.

[6] La sociobiologie peut apparaître, dans certaines de ses implications, comme une nouvelle forme de darwinisme social, sur un autre plan et avec des arguments beaucoup plus sophistiqués. On ne rouvrira pas ici ce débat.

[7] Adophe Quételet, *Physique sociale ou Essai sur le développement des facultés de l'homme*, Bruxelles, Muquardt, Paris, Baillière & Saint-Pétersbourg, Isakoff, 1869; réédition annotée par E. Vilquin et J.-P. Sanderson, Bruxelles, Académie Royale de Belgique, 1997 (une première édition, moins étendue, avait paru dès 1835 sous le titre *Sur l'Homme et le développement de ses facultés ou Essai de Physique sociale*, Paris, Bachelier).

[8] Pour une discussion plus approfondie de ces thèmes, voir M. Richelle, Eloge des Variations, in J. Lautrey (éd.), *Universel et différentiel en psychologie*, Paris, Presses Universitaires de France, 1995, p. 35-50.

[9] On notera au passage que la psychophysique est, sans doute aucun, un de ces champs de la psychologie où se rencontrent, dans une coopération pluridisciplinaire fructueuse, les apports de la physique (dans la définition et la mesure du stimulus), de la neurophysiologie (dans la caractérisation anatomique et fonctionnelle des récepteurs, des voies nerveuses et des sites cérébraux concernés), de la mathématique (qui fournit les modèles formels) et de la psychologie (chargée de spécifier les conduites du sujet face au stimulus et à ses variations). La psychophysique tient une place centrale en psychologie en tant que ses méthodes ont été largement exploitées dans des domaines qui débordent de ses frontières strictes. Elle est enfin pourvoyeuse d'applications très utiles, les plus familières consistant en l'évaluation des déficits visuels ou auditifs dans le diagnostic ophtalmologique ou audiologique.

[10] Ayant récusé plus haut l'opposition entre sciences humaines et les autres, qui seraient plus «sciences» que les premières, je devrais utiliser les guillemets chaque fois que je me réfère aux sciences dites exactes et naturelles; je m'en abstiendrai pour ne pas hérisser ce texte.

Chapitre 4
Science et philosophie

Pauvre Bergson!

À la question : comment en est-on arrivé là? Sokal et Bricmont répondent en accusant Bergson. Ils y voient le précurseur de l'utilisation abusive des connaissances scientifiques dénoncées chez les postmodernes. Ils s'en prennent à son obstination à ne pas comprendre les notions sur lesquelles il basait ses argumentations philosophiques. Ils reprochent à Bergson de n'avoir rien compris à la théorie de la relativité dont il fait dans *Durée et Simultanéité* un usage intensif, mais forcément fallacieux puisque basé sur des erreurs majeures de compréhension.

Ils font au philosophe de l'*Elan vital* un mauvais procès. Non qu'il faille excuser Bergson de parler de ce qu'il ne comprend pas. Mais tout d'abord, il en parlait clairement, et l'on n'a aucune peine à suivre le fil de sa pensée, que l'on peut critiquer en toute clarté. Les malentendus et incompréhensions sont monnaie courante dans les débats scientifiques, y compris au sein d'une seule et même science. C'est l'obscurantisme de l'expression qui pose problème chez les auteurs dénoncés par Sokal et Bricmont, beaucoup plus que le goût des analogies scientifiques ou les incompréhensions des notions qu'elles impliquent. L'obscurantisme est un travers qui survient de temps à autre dans les productions écrites, littéraires ou philosophiques, trouve son public, généralement restreint, puis passe de mode. Il peut relever de la mystification, ou n'être que le prolongement d'un jeu sur les mots qui avait bien commencé, et soudain s'emballe, comme une machine qui tourne à vide. La persistance des débats qui entourent les découvertes scientifiques, marqués souvent de malentendus certes, ne se ramène pas à une sourde et permanente poussée de l'obscurantisme.

Persistance du débat philosophique

Bergson ne fut pas le seul, évidemment, à entrer dans ce débat. On pourrait aussi bien remonter aux philosophes et savants qui discutèrent Galilée ou Darwin. La question à poser à son propos, comme à propos de tous ses prédécesseurs, est d'abord : pourquoi discutent-ils des notions scientifiques, à l'élaboration desquelles ils ne participent pas directement? Pourquoi ne s'en tiennent-ils pas à ce qui leur est familier? C'est, évidemment, parce que chaque nouveauté scientifique suscite un questionnement des idées en cours, ébranle des croyances établies — et éventuellement le pouvoir qui se fonde sur elle —, ou, plus profondément, laisse ouvertes des interrogations qui rongent l'esprit de l'homme, et dont certaines se font, paradoxalement, plus aiguës à mesure que la connaissance progresse. Il est inévitable, et il est souhaitable, que ce débat se perpétue, avec ses turbulences, et ses mouvements en sens contraires.

Tantôt, il manifeste le sursaut de l'amour-propre de l'homme dépossédé d'une part de son orgueil : de sa place dans l'univers avec l'abandon du géocentrisme, de sa place dans le monde vivant avec la théorie de l'évolution, de sa rationalité avec la mise au jour des forces de l'inconscient. À chaque fois, le combat a été âpre, et s'est étendu sur des décennies. L'issue en est diverse, et va du compromis de coexistence pacifique à la dénégation, comme le montre l'exemple extrême autant qu'éloquent du créationnisme qui fait front aux théories biologiques en affirmant la vérité des mythes bibliques contre la science. Il importe que les scientifiques prennent conscience de ces mouvements, qu'ils sachent que leur propre démarche est loin d'être comprise et partagée par l'humanité entière.

Tantôt, le débat s'empare des apparentes fluctuations de la pensée scientifique pour conforter à nouveau des croyances ébranlées précédemment. Battue en brèche par le triomphe du déterminisme, la liberté humaine s'est précipitée sur certaines formulations de la physique moderne, tel le principe d'indétermination d'Heisenberg, pour se reconstruire une légitimité. Il ne faut pas s'étonner que ce soit au prix d'une certaine superficialité. Mais celle-ci se trouve parfois encouragée par l'attitude de certains spécialistes, car les physiciens ni les biologistes ne donnent pas tous même statut à leurs théories, n'en tirent pas tous les mêmes conséquences philosophiques. Le débat extérieur s'alimente d'ailleurs des débats internes : les sciences, même les plus avancées, sont loin de donner l'image de l'unité ou de l'unanimité; elles connaissent leurs conflits, dont tirent parti ceux qui, du dehors, veulent «se forger une opinion», ce qui le plus souvent revient à consolider celle qu'ils avaient déjà. Si vous vous tournez vers les biologistes et psychologues contemporains en quête de lumière sur la nature et le rôle de la conscience, vous pourrez à votre gré et selon votre goût, vous ranger derrière les réductionnistes éliminativistes (comme Patricia Churchland-Smith) qui n'y voient qu'un sous-produit de la machinerie cérébrale, les « computationnalistes » fonctionnalistes (comme Johnson-Laird) qui affirment que la clef du problème est à chercher dans le modèle de l'ordinateur, ou les dualistes spiritualistes (tel Eccles) qui voient dans la conscience une entité extérieure à la matière cérébrale, et qui scrute l'activité de celle-ci pour en distiller sa propre substance immatérielle. Chaque position philosophique y trouve donc son compte. Les scientifiques, qui travaillent sur des hypothèses si disparates, se sont-ils avisés qu'ils n'ont, pour l'instant, guère plus d'arguments pour leur choix que s'ils étaient de simples philosophes ?[1]

Tantôt encore, le débat traduit les insatisfactions, les inquiétudes face à la science. On peut en distinguer de deux ordres. D'une part, les progrès les plus spectaculaires de la science n'aboutissent pas à lever les grandes interrogations qu'à travers toute son histoire l'espèce humaine traîne à propos d'elle-même et du monde qui l'entoure : comment tout cela a-t-il commencé ? Qui sommes-nous dans cet univers ? Où allons-nous ? D'autre part, les « progrès » de la science suscitent en eux-mêmes des questions troublantes : quel est aujourd'hui le solde des bienfaits et des méfaits du savoir scientifique ? Quel sera-t-il demain ? La science elle-même nous en alerte, et la question n'est pas anodine.

Envisageons d'abord la première catégorie d'inquiétudes. On ne peut qu'être fasciné par les progrès de l'astrophysique qui ont reculé les frontières des mondes célestes et ont substitué au bel ordonnancement des planètes et des soleils de l'univers newtonien l'infernale et infinie dynamique des galaxies en expansion, depuis un intrigant point de départ dénommé *big-bang*. Pour l'astrophysicien, cette nouvelle représentation de l'univers s'inscrit dans un jeu d'équations qui, pour être plus complexes, n'en sont pas moins élégantes et rassurantes que celles de leurs prédécesseurs, car le monde de Newton était assurément plus conforme à notre confort spirituel. Il n'élude pas, pour autant, les questions naïves, qui sont toujours les meilleures ; par exemple celle d'un enfant à qui l'on explique l'origine de l'univers et le big-bang, et qui réplique : « Et avant ? »

Pour impressionnante que soient aujourd'hui les sciences de la vie, pour éclairantes qu'elles soient sur les mystères de notre corps, pour miraculeuses qu'elle soient à prolonger notre existence et alléger ses douleurs, pour les humains que nous sommes, certaines questions continuent pour ainsi dire de nous coller à la peau : comment accepter notre mort ? celle des autres ? Quel sens cela a-t-il de perpétuer la vie, de continuer à jouer son rôle dans l'aventure de l'évolution si celle-ci n'est rien d'autre que le fruit accidentel du hasard et de la nécessité ? Jusqu'à présent, les progrès scientifiques n'ont pas levé ces questions, et beaucoup d'autres ; elles les ont souvent, au contraire, exacerbées, en restreignant le champ des réponses possibles. Cette foi dans le sens de l'univers sans quoi l'aventure scientifique ne se poursuivrait pas, ou deviendrait un exercice de routine absurde, et qui fournit peut-être aux gens de science des réponses privisoirement acceptables, il faut s'en convaincre, n'est pas partagée par l'humanité entière. Elle est à vrai dire très difficile à communiquer à ceux qui ne sont pas à l'intérieur du jeu scientifique. On ne refoulera pas ces questions, et il faut laisser en débattre, si possible en un dialogue entre les scientifiques et les autres. Plutôt que de multiplier les sectes, laissons donc leur place aux philosophes, par vocation destinés à entretenir le débat, pour autant qu'ils ne soient pas sectaires, et se montrent aptes à guider leurs semblables par un discours clair.

La seconde catégorie d'inquiétudes a trait, pour faire bref, à l'éthique de la science. Nul ne nie les « bienfaits » de la science : allègement des servitudes du travail, protection face aux rigueurs du milieu physique, accroissement des ressources alimentaires, amélioration des chances de survie par l'amélioration de la santé, accroissement de la longévité sont autant de points à son actif. Mais chacun de ces bienfaits a son revers : crise de l'emploi, avec son cortège de problèmes psychologiques, sociaux, politiques ; détérioration de l'environnement dans lequel notre espèce a évolué et dont elle dépend ; mise au point de techniques potentiellement aussi destructrices qu'elles peuvent êtres productives ; explosion démographique incontrôlable ; difficultés croissantes à gérer le vieillissement ; etc. Et face à tous ces problèmes, une angoissante incapacité de l'homme à réguler ses propres conduites de telle sorte que les effets pervers de la science et de la technique soient maîtrisés. La violence et les guerres persistent, endémiques, plus absurdes et destructrices que jamais ; les famines n'ont pas disparu ; la menace d'une autodestruction de l'humanité n'a pas été levée ; alerté des risques qu'il fait courir à son milieu de vie, l'individu s'inquiète peu de contribuer à le préserver, mu par des satisfactions à court terme plutôt que par le souci du bien-être des générations futures.

La science va-t-elle trop vite pour l'homme ? Faut-il moins de science ? Une science gérée autrement ? Une science qui garde plus le contrôle de ses découvertes ?

Ou au contraire qui en garde moins ? Faut-il une science répartie autrement ? Par exemple où l'on reconnaisse que les problèmes les plus urgents concernent les conduites humaines, et que, par conséquent, il faudrait donner plus d'importance aux sciences humaines ? Nous reviendrons à ces questions, et particulièrement à la dernière, dans les conclusions.

NOTE

[1] Les trois auteurs cités dans ce paragraphe ne sont que des exemples parmi beaucoup d'autres. P. Smith-Churchland, *Neurophilosophy, Toward a unified science of the Mind/Brain*, Cambridge, Mass., The MIT Press, 1986; J. Eccles, *Evolution and the Brain : Creation of the Self*, Londres, Routledge, 1989. Pour Johnson-Laird, voir note XX. Pour d'autres références, voir M. Richelle, Les avatars de la conscience, *Bulletin de l'Académie Royale de Belgique, Classe des Lettres*, 1997, 7-12 (sous presse) et *Du nouveau sur l'Esprit?*, Paris, Presses Universitaires de France, 1993.

Chapitre 5
D'où vient la clarté ?

*Il y a quelque temps, rue Vodičkova,
une corniche, en tombant,
a tué une femme.*
Václav Havel, 1965.

Droite sinistre et rectitude de gauche

Une constatation jette le trouble : les auteurs obscurantistes, chantres du lacanisme et du postmodernisme, affichent par ailleurs des idées de gauche. Pour l'intellectuel de gauche qui s'est obstiné à parler et écrire clairement, dans le sillage des idées progressistes de la République du siècle passé, héritées des Lumières, il y a là un paradoxe tout aussi déstabilisant que celui du chat de Schrödinger[1]. Sokal et Bricmont n'ont pas échappé à ce trouble. Ils ne peuvent dissimuler un brin de mauvaise conscience à devoir égratigner des gens dont les idées politiques ont par ailleurs leur sympathie.

soudain leur influence aujourd'hui mesurée, ils pourraient bien, eux, physiciens au parler clair, se voir accusés de conservatisme, et pour un peu passer au bûcher.

La clarté viendrait-elle donc de gauche ou de droite ? Voilà une question qui invite à quelques réflexions sur le style du discours et la vie publique.

Nous voici à nouveau en présence d'une dichotomie, gauche et droite, aussi trompeuse et infiniment plus néfaste à mes yeux que celle qui oppose sciences humaines et sciences exactes. Les discours politiques entretiennent l'idée que tout se joue autour de cette opposition. Or, il ne faut pas être docteur en politologie pour comprendre que notre société récente et actuelle a joué de ces mots avec les pires ambiguïtés. Elle recèle des fausses gauches et des fausses droites ; des gauches et des droites installées au centre ; des droites et des gauches extrêmes qui se rejoignent, comme dit le proverbe ; des droites déguisées en gauche et inversement, et jusqu'à des partis qui, selon les circonstances, sortent de leur sac magique un polichinelle de gauche ou un polichinelle de droite, témoignant par là de ce qu'est la fraternité chrétienne. Aucune de ces tendances multiples n'a, évidemment, l'apanage de la clarté. On peut clairement dire les pires horreurs ; on peut persuader clairement, on peut promettre, faire espérer, appeler au sacrifice, à la guerre, au bonheur futur, on peut mentir clairement. La clarté n'est donc d'aucune manière une condition suffisante de l'honnêteté politique. Elle en est cependant une condition nécessaire, parce que seul un discours clair et intelligible se prête à l'analyse critique et au débat. En ce sens, le discours scientifique, avec son idéal de communicabilité et de mise en relation des mots avec la réalité, devrait inspirer la pratique politique.

L'obscurité du discours est incompatible avec une pratique véritablement démocratique. Ou bien elle fonde une caste d'initiés qui se distinguent du reste de la société, éventuellement pour y exercer un pouvoir indiscutable. Ou bien, elle tisse pour ceux qui en usent un refuge qui les met à l'abri des oscillations de l'autorité. Dans l'un de ses discours[2] qui contribuèrent à l'envoyer en prison, et dont la première phrase sert d'exergue à ce chapitre, Václav Havel tourne en dérision l'un de ses confrères qui, au départ de ce fait divers dont l'importance ne lui a pas échappé, se lance dans des spéculations universelles, pour conclure, en contradiction totale avec son point de départ, en exhortant son lecteur à « se détacher de toutes ces petites histoires provinciales pour se consacrer à l'homme dans sa perspective universelle ».

> « Heureusement, poursuit Havel, les lecteurs auxquels l'article s'adresse n'en ont pas fait grand cas et lorsque, la semaine passée, une autre corniche s'est détachée de la façade d'une maison rue Spálená et a tué un autre passant, une nouvelle vague de protestations, plus vigoureuse que la précédente, s'est élevée à nouveau. Comme tant de fois déjà, la population a fait preuve de plus d'intelligence et d'humanisme que l'écrivain. Car on a compris que la prétendue perspective universelle de l'homme n'est qu'une phrase vide de sens si elle nous détourne de notre inquiétude de voir une personne écrasée ou d'imaginer ce qui se passerait si une corniche tombait sur les enfants d'une école maternelle
> ...
> Lorsqu'on parle des corniches, il ne faut pas y mêler les perspectives de l'homme. Sauf pour dire que, dans le contexte actuel, il n'a que deux perspectives : ou il recevra une corniche sur la tête, ou non. Qui sait, d'ailleurs, si on n'a pas négligé le ravalement des façades parce qu'on faisait justement de beaux discours sur les perspectives de l'homme ? » (p. 10 & 12)

Havel s'en prend à une dérive du discours idéologique qui avait cours dans son pays, mais son analyse s'applique aussi bien au genre de dérive de nos philosophes, psychanalystes et sociologues.

> «Ce cas [l'article sur les corniches] est un exemple éloquent de renversement d'une idée en son contraire... [Le] principe [de] ce type de raisonnement est la fétichisation de certaines figures dialectiques et leur enracinement dans un système de pensée et dans des schémas phraséologiques rigides. Leur application à d'autres sujets donne, au premier abord, l'impression que l'on voit la réalité à travers une grille idéologique tout à fait louable, mais au fond ce mode de pensée rompt imperceptiblement avec la réalité et, par conséquent, ne peut plus l'influencer.
> Ce mécanisme s'effectue avant tout par une *ritualisation de la langue* : au lieu de désigner la réalité et de permettre de communiquer à son propos, la langue semble se transformer en un objectif en soi. Son importance grandit apparemment, mais en réalité elle se dégrade. En lui substituant des fonctions qui ne sont pas les siennes, on l'empêche de remplir celles auxquelles elle est destinée et elle perd ainsi son sens intrinsèque». (p. 10-11)

Havel ramène les mécanismes ainsi soumis à son analyse en disant «qu'il s'agit d'une pensée évasive». Il poursuit :

> «Je crois que notre époque est celle d'une lutte acharnée entre deux façons de penser : la pensée évasive et la pensée concrète. La pensée inaboutie et la pensée conséquente.
> C'est l'époque du conflit entre la réalité et la phrase.» (p. 15)

La société moderne malade de son style

Havel n'est pas physicien. Et bien que dissident sous le régime soviétique, il n'a rien d'un esprit d'extrême droite. Il touche au fond du problème, lequel dépasse de loin les excès des postmodernistes, qui n'en sont qu'une des manifestations. On en trouve d'autres dans le discours politique, dans le discours administratif, dans le discours juridique, où partout l'on joue sur les mots en oubliant les choses. Je n'entreprendrai pas d'en faire ici l'analyse. Ce n'est pas le propos de ce petit ouvrage. Une démonstration n'est d'ailleurs pas nécessaire. La dissociation entre la rhétorique électorale et la pratique du pouvoir est un mal flagrant des meilleures démocraties. Les textes administratifs sont d'une confusion indéchiffrable pour le citoyen ordinaire. Les textes juridiques sont par leur imprécision et leur obscurité (délibérées?) de plus en plus ouverts à la multiplicité des interprétations. Tout cela contribue à cette rupture entre les gens et les pouvoirs, issus pourtant de leurs suffrages, ce divorce entre société civile et société politique, pour reprendre une expression que les politiques emploient eux-mêmes le plus naturellement du monde alors qu'elle devrait les ébranler profondément : qu'est-ce donc que cette société politique pour ainsi se distinguer de l'autre? Est-elle incivile, ou incivique? N'est-elle plus faite de citoyens comme les autres?

La clarté du discours ne suffit pas à fonder la démocratie, mais la démocratie implique la clarté du discours, où les mots et les phrases soient intelligibles et renvoient à la réalité. Quiconque s'écarte de ce devoir de clarté se disqualifie comme porteur d'un message politique au sein d'une démocratie. Peu importe qu'il soit de droite ou de gauche ou de quelque autre côté — la démocratie en exige plusieurs. Peu importe qu'il soit marchand, poète ou savant, sauf à signaler qu'il ouvre une parenthèse réservée aux jeux de mots aux conséquences imprévues. Les scientifiques, dans quelque champ des sciences qu'ils se situent, humaines ou inhumaines, exactes ou inexactes, ont à un double titre cette obligation de clarté : elle est une règle technique interne de leur profession; elle est aussi une règle éthique de leur position par rapport à la société dans laquelle ils l'exercent, de laquelle ils vivent, et qu'ils servent.

Peut-être y a-t-il des causes triviales à la dérive du style sur laquelle nous nous lamentons. Sans céder à la nostalgie des temps passés, je ne suis pas le seul universitaire à déplorer au fil du temps l'abaissement de la compétence des étudiants tout-venant à lire des textes, et à en composer, par écrit ou oralement. Il y a une quinzaine d'années, les Doyens de Faculté de Belgique francophones adressèrent à leur ministre des universités un message d'alerte pour que l'on pare à la dégradation de la maîtrise de la langue maternelle qu'ils constataient chez leurs étudiants, et qui entravait selon eux un enseignement universitaire de qualité. Il s'agissait des Doyens des Facultés... de Sciences !

Sans doute n'enseigne-t-on plus cette sagacité dans la compréhension et la production de textes comme il conviendrait. Il faudrait analyser les causes de ces défaillances. A-t-on omis de réactualiser la formation en cette matière ? L'a-t-on encombrée de savoirs peut-être essentiels et d'un grand intérêt pour les linguistes, mais inutiles à l'usage de la langue ? A-t-on suffisamment maintenu une prise de conscience des « genres » littéraires, où se fasse le partage entre discours visant à des fins différentes, et où se distinguent bien la narration imaginaire, la fable, l'oraison funèbre, le discours électoral, la tragédie, l'exposé scientifique ? A-t-on pris la peine d'introduire en suffisance des textes relevant du discours scientifique — il n'en manque pas, et de superbes ! —, précisément, pour exercer les élèves, ceux qui se tourneront vers les sciences, mais plus encore ceux qui n'en feront pas leur vie, à en saisir les exigences. A-t-on songé à faire sortir de leur classe les professeurs de langue maternelle pour les amener à enseigner celle-ci dans le contexte des classes de physique, d'histoire, de biologie?

On serait tenté, une fois de plus, de sortir du débat circonscrit au domaine scientifique qui nous occupe ici pour l'élargir à des domaines d'une portée plus générale. Combien de temps consacre-t-on dans les écoles à la lecture critique de textes légaux, de textes administratifs, de textes télévisés, de messages de propagande, de messages publicitaires, bref de tous ces lieux de parole où se jouent le savoir et l'ignorance, l'initiative et la soumission, la contrainte et la liberté?

NOTES

[1] Lequel, on s'en souvient, victime ou bénéficiaire d'un paradoxe de la physique quantique, était à la fois vivant et mort.
[2] Discours à la conférence de l'Union des écrivains tchèques, Prague, le 9 juin 1965, reproduit dans V. Havel, *L'angoisse de la liberté*, Paris, Editions de l'Aube, 1995, p. 9-26.

Chapitre 6
L'autre côté du miroir

La conscience est caractérisée d'une façon extrêmement fruste par simplement deux nombres : sa capacité à manier l'information $W \sim 10^8$ bits/seconde, et son temps caractéristique de pulsation, $p \sim 10^{-12}$ s.
Richard D. Mattuck

Revues scientifiques prises au piège

Les attaques de Sokal et Bricmont contre les «impostures» de certains représentants des sciences humaines risquent fort de jeter le discrédit sur les sciences humaines en général, tant l'opinion est prompte aux généralisations hâtives, et tant les sciences humaines sont vouées aux malentendus. S'il est vrai qu'ils ne disent nulle part que les errements qu'ils dénoncent s'étendent à tous les psychologues, sociologues, anthropologues, politologues, etc., il serait plus clair pour le lecteur profane de disposer d'une estimation quantitative de ce que représentent ces mouvements dans la masse des publications, dans l'ensemble du corps académique, dans l'orientation des réunions scientifiques dans les différents pays. Je n'ai pas fait ces statistiques, mais je gage qu'elles seraient plutôt rassurantes, malgré certaines variations entre pays ou régions. On dit qu'il y a, à Buenos Aires, un psychanalyste par habitant, et que l'on n'est pas plus lacanien que là. Heureux Argentins ! Les Norvégiens n'ont pas ce bonheur, non plus que les Ecossais, ou les Hollandais. Les Français peut-être en approchent, qui ont curieusement nourri les maîtres les plus éminents de la pensée ambiguë, après avoir donné à toute l'intelligentzia du monde des leçons de clarté dont Sokal et Bricmont affichent leur nostalgie. Il est vrai qu'en beaucoup de matières les textes anglo-saxons sont, aujourd'hui, bien plus lisibles que les textes français, et ne sont nullement moins profonds. Mais dans l'ensemble, à quoi se chiffre l'audience réelle de ces modes ? A fort peu de chose, et c'est peut-être une autre raison de ne pas leur donner plus d'importance qu'elles n'en ont.

J'en viendrai maintenant à un dernier propos, dans le souci de rétablir l'équilibre. Il se résume comme suit : ce que dénoncent Sokal et Bricmont n'est pas l'exclusivité des sciences humaines, on le trouve aussi, sous des formes parfois plus subtiles, donc plus difficiles à détecter, dans les sciences exactes. Je consacrerai ce dernier chapitre à en donner et en commenter quelques exemples.

Commençons par la supercherie de Sokal faisant accepter un texte de parodie de la prose postmoderniste dans une revue réputée dans cette orientation, sous un titre dont le pouvoir d'attraction ne laisse aucun doute :

« Transgresser les frontières : vers une herméneutique transformative de la gravitation quantique »[1]. Les rédacteurs de la revue en question avaient donc trouvé l'article à leur goût. Le texte soumis était en effet dans la même veine que la matière habituelle de la revue, et que leurs propres écrits. Comment auraient-ils soupçonné une mystification ?

Mais ces choses arrivent dans les meilleures revues scientifiques. Je n'en reprendrai pas la liste exhaustive. Un exemple suffira, dont tout le monde se souvient : la publication dans la très respectable et très exigeante revue britannique *Nature* des travaux du scientifique français (décidément !) démontrant la mémoire de l'eau. L'article était passé par le filtre des lecteurs critiques. On ne sait toujours pas aujourd'hui s'il s'agissait d'une mystification délibérée ou d'un travail de bonne foi dont l'auteur s'était un peu égaré. La même question peut être posée à propos des articles publiés dans *Social Text* ou autres revues d'écoles (comme l'*Ornicar* des lacaniens parisiens) : sauf pour l'article de Sokal dont l'auteur s'est lui-même démasqué, on ne peut trancher entre la supercherie et la bonne foi (ce qui rend le problème fort différent au plan éthique).

Quand les physiciens font de la psychologie

S'il arrive aux sciences humaines de s'aventurer un peu légèrement dans les sciences exactes, l'inverse se présente aussi : il ne manque pas d'exemples de mathématiciens et de physiciens, pour ne pas parler de biologistes, qui n'hésitent pas à traiter de psychologie en toute ignorance de cause. Il est vrai que les gens font, dans la vie courante, beaucoup de psychologie, d'une certaine psychologie, dissertant des autres et d'eux-mêmes avec les outils parfois très élaborés que leur offre la langue qu'ils parlent. Tout le monde se sent ainsi autorisé à psychologiser, ce qui reste une des difficultés de l'entreprise scientifique en psychologie. Pourquoi les mathématiciens et les physiciens s'en priveraient-ils ? Bien installés dans leur science, devenue assez technique pour que le profane s'y risque peu, ils donnent à leurs propos de psychologues ou sociologues amateurs un halo d'autorité venu de la respectable solidité de leur savoir spécialisé. A quelques exceptions près — dont l'exergue offre un exemple — ils ne sont guère tentés, évidemment, de transposer leurs équations aux réalités psychologiques ou sociales. Ils se montrent en cela plus avisés que les psychanalystes ou les philosophes postmodernistes. Sont-ils pour autant moins « dangereux » ? (Voilà un bien grand mot. J'ai dit plus haut qu'il ne fallait pas dramatiser les écarts de quelques-uns.) Ils le sont à tout prendre peut-être plus. En effet, ils ne sont généralement pas suspects de mystification, une interprétation que l'on est toujours en droit de porter au crédit des Lacan, Kristeva et Irigaray. Ils sont évidemment de bonne foi. Ils sont généralement auréolés de leur autorité scientifique bien établie, voire garantie par un Prix Nobel. Ils parlent et écrivent clairement, même si leur raisonnement et leur argumentation suivent parfois un cours difficile lorsqu'ils se réfèrent à leurs propres disciplines pour en tirer des conséquences relatives à des questions ressortissant aux sciences humaines.

On trouve tout au long de l'histoire des sciences exactes des excursions de ce genre chez mathématiciens et physiciens, souvent dans des travaux de fin de carrière, où le scientifique revient à des questions philosophiques générales, montrant combien celles-ci continuent de hanter l'esprit humain, malgré les progrès des sciences, ainsi que nous l'avons déjà noté plus haut. Il n'est pas rare que ces textes soient par là véritablement émouvants ; il arrive qu'ils soient pénétrants et enrichissent la réflexion de l'homme sur lui-même, même si, à certains égards, ils tombent sous le coup de la critique que je viens de formuler. Je m'en tiendrai à un exemple, fort actuel : la participation de certains mathématiciens et physiciens à ce que l'on pourrait appeler le renouveau de la conscience, dont j'ai déjà tiré des illustrations de mes propos dans les chapitres précédents.

Le problème de la conscience a été au centre de nombreux débats philosophiques, et la conscience elle-même a été le fondement de la pensée philosophique et, pendant longtemps, de la psychologie. La psychologie philosophique était à la fois essentiellement préoccupée des états de conscience et totalement dépendante de la conscience introspective pour les saisir et les analyser. Cette voie, qui n'empêcha pas les succès de la psychologie scientifique à ses débuts, se révéla rapidement une impasse, et dans un revirement dont le mouvement behavioriste apparut comme le catalyseur, la psychologie porta son regard sur les conduites plutôt que sur des états mentaux, et abandonna l'instrospection pour s'en tenir à une observation objective des faits psychologiques. La conscience fut donc écartée comme méthode, et elle fut, non pas niée, mais en quelque sorte mise entre parenthèse comme objet.

Une nouvelle évolution s'amorça en psychologie dans les années 1960, avec le mouvement cognitiviste. Rompant avec les principes du behaviorisme, ou au contraire capitalisant sur ses acquis pour revenir à des problèmes sagement laissés en suspens (on peut défendre ces deux interprétations, mais nous négligerons cette question ici[2]), la psychologie s'est à nouveau centrée sur les processus mentaux, sans rien abandonner cependant de la méthode objective. Dans ce dernier quart de siècle, elle s'est trouvée partenaire dans une aventure pluridisciplinaire sans précédent associant les sciences du cerveau, elles-mêmes en pleine expansion, psychologie et sciences de l'ordinateur. Celles-ci jetèrent le défi de l'intelligence artificielle. De leur côté, les neurosciences relançaient le débat sur les rapports entre l'esprit et le corps[3]. Les philosophes ne furent pas en reste. Devant les progrès lents et difficiles des sciences humaines, il est tentant de chercher à comprendre l'homme, et sa particularité la plus intrigante, la conscience, en scrutant l'intérieur de son cerveau, armé des extraordinaires techniques actuellement disponibles, dont l'imagerie cérébrale n'est que la plus spectaculaire, au sens littéral du terme. Et si cela ne suffisait pas, pourquoi ne pas chercher l'élucidation de la conscience dans la machine, dont les savoir-faire semblent déjà rivaliser avec notre intelligence ? Le thème de la conscience se trouve ainsi l'objet d'un véritable engouement[4].

Sont entrés dans le débat, des philosophes — c'est inévitable —, des psychologues — après tout c'est leur métier —, des neurologues et neuropsychologues — avec des brassées de données empiriques troublantes —, des neurobiologistes — qui ne manquent pas d'idées sur la question —; mais encore des physiciens et mathématiciens. Parmi ceux-ci, un esprit particulièrement prestigieux, Roger Penrose, Professeur de mathématiques à Oxford, qui partagea en 1988 le Prix Nobel de Physique avec son collègue, le non moins célèbre Stephen Hawking. Il publiait peu après un ouvrage brillant et retentissant, *The Emperor's New Mind* (1989), acclamé comme un exposé exceptionnellement pénétrant des problèmes de la physique moderne, et comme une réflexion novatrice sur le futur de la science. En 1994, il consacre un ouvrage entier au problème de la conscience, *Shadows of the Mind. A search for the missing science of Consciousness*[5]. L'entreprise est inattendue de la part d'un mathématicien expert en physique théorique. Imaginons un psychologue écrivant 400 pages sous le titre : *Matières en dérive : en quête de la science manquante de l'expansion de l'univers.* Ou, pour prendre une comparaison plus plausible, et plus symétrique, le Prix Nobel Sperry, l'éminent neuropsychologue qui étudia les patients dont les deux hémisphères cérébraux avaient été déconnectés (*split-brain*, ou cerveau dédoublé), publiant un pavé intitulé : *Représentation de la matière : vers la solution d'une énigme dans la mécanique quantique.* Cela étonnerait, plus que de voir un physicien-mathématicien s'adonner à l'exercice inverse. Mais pourquoi ?

Ne faisons pas à Penrose une mauvaise querelle. Son livre est brillant. Il pose des questions classiques, mais importantes. Il les discute avec une richesse d'argumentation peu commune. S'il n'est pas par métier spécialiste de la conscience, il se sent néanmoins autorisé à en parler puisque certaines hypothèses défendues par des spécialistes des sciences humaines lui paraissent incompatibles avec ses intuitions de mathématicien, et que d'autres hypothèses, à ses yeux plus prometteuses, nous sont suggérées par la physique quantique. Résumons son argumentation.

Nous avons vu dans un chapitre précédent le succès des analogies tirées de l'ordinateur en psychologie cognitive, et plus particulièrement de l'idée que l'esprit humain fonctionne selon un modèle computationnel (sur base d'algorithmes, à la manière d'un ordinateur digital). Pour certains psychologues, par exemple Johnson-Laird, déjà mentionné ci-dessus, le problème de la conscience trouvera sa solution par application des mêmes modèles qui se sont, selon eux, révélés pleinement satisfaisants pour rendre compte des processus perceptifs, mnésiques ou de résolution de problèmes. C'est là une profession de foi non seulement dans la possibilité de fournir une explication scientifique de la conscience, mais que cette explication s'inscrira dans le cadre des théories computationnelles actuelles.

Penrose, non moins confiant dans les potentialités de la science, partage la conviction que la conscience trouvera un jour son explication scientifique. Il rejette cependant l'hypothèse que cette explication sera computationnelle. Son principal argument se base sur son expérience de mathématicien. L'activité du mathématicien est bien, selon lui, un cas de conduite consciente particulièrement élaborée, peut-être la plus élaborée qui soit. Or elle ne lui paraît pas passible d'explication computationnelle, pour des raisons qui tiennent, entre autre, à ce que certains problèmes de mathématiques ne sont pas eux-mêmes passibles d'une telle solution. Une grande partie de l'ouvrage consiste en une argumentation minutieuse de cette thèse, où la discussion du fameux théorème de Gödel tient une place importante. Ceci ne doit en rien nous conduire à écarter toute explication scientifique de la conscience. En effet, d'autres modèles, non-computationnels, ont fait leur apparition dans les sciences exactes, et notamment dans le domaine de la physique quantique, qui trouvent leur champ d'application dans le monde vivant et notamment en neurobiologie. Certaines structures constitutives de la membrane cellulaire, appelées microtubules, se prêtent à ce type d'application. Bien que présentes dès les formes les plus élémentaires de la vie animale, elles joueraient un rôle important dans le fonctionnement cérébral, notamment aux jonctions synaptiques. Un rapport avec la «conscience» serait démontré à travers leur rôle dans l'action des anesthésiques :

> «Disposons-nous de preuves directes de ce que le phénomène de *conscience* est lié à l'action du cytosquelette, et en particulier des microtubules? En réalité, de telles preuves *existent*... Essayons d'en examiner la nature — qui porte sur le problème de la conscience en considérant ce qui en provoque l'*absence*!» (p. 369) [ma traduction]

Tout n'est pas dit, certes, sur la conscience du mathématicien résolvant ses équations, mais, nous dit Penrose, il y a là une percée qui laisse entrevoir une solution scientifique, bien que non-computationnelle, au problème de la conscience. CQFD.

Voilà qui est bien. On ne reprochera pas à Penrose de se poser la question qu'il se pose : ce sont, nous l'avons dit, certains spécialistes de l'intelligence artificielle et naturelle qui la posent. Sa démonstration soulève beaucoup de problèmes, mais nous ne nous y arrêterons pas ici. Par contre, que tirer de ses conclusions, par rapport à l'annonce du sous-titre de son livre? Comment allons-nous, dans un avenir proche, faire le saut depuis des microstructures anatomiques qui se prêteraient à une analyse en termes quantiques et ce que nous savons de la nature et des fonctions de la conscience? Le lien est-il tellement plus consistant que celui qu'établirent les lacaniens entre les tores et l'inconscient? Et se fonde-t-il sur autre chose qu'une assez vague analogie entre une vue intuitive et toute subjective de la conscience, de sa conscience de mathématicien en action, et d'une propriété formelle d'un modèle physico-mathématique?

Poussons un peu plus loin. Bien qu'il n'ignore pas la complexité de ce que nous désignons par *conscience* ou *conscient*, Penrose n'en tient guère compte, et s'abandonne à de naïves confusions. Si l'effet des anesthésiques a quelque chose à voir avec les microtubules, on peut admettre que ces structures ne sont pas sans rapport avec la conscience, mais entendue dans un sens particulier, d'état de conscience, par opposition à l'état de sommeil, de coma, ou d'endormissement sous anesthésie générale. Qu'un mathématicien raisonne mieux en état de veille active que sous anesthésie paraît assez évident (on serait moins affirmatif pour ce qui est du sommeil ordinaire, car quelques mathématiciens semblent avoir résolu une équation résistante au sortir du sommeil, mais ceci est une autre histoire). Il y a là une condition générale, mais très grossière de l'exercice de l'activité intellectuelle consciente, et qui ne suffit pas à expliquer celle-ci. Pas plus que la paralysie des quatre membres, fatale certes à l'exercice de la danse, ne suffit à rendre compte des subtils agencements psychomoteurs mis en œuvre par une danseuse étoile. Là où le psychologue fera tout naturellement des distinctions importantes entre différents niveaux d'états de conscience, et entre différentes formes d'activités conscientes, Penrose s'en tient à l'imprécision du langage courant, dans un amalgame contrasté mêlant les raffinements les plus subtils sur le versant mathématique de ses propositions aux vues les plus grossières sur le versant des concepts psychologiques.

Le plus grave n'est pas là. Il est dans l'omission. S'il est fallacieux de parler des sciences exactes quand on n'y comprend rien, il est non moins trompeur de parler des sciences humaines en omettant de signaler ce qu'elles peuvent nous apprendre. A lire Penrose, et son sous-titre, hors l'hypothèse computationnelle chère à

Johnson-Laird, personne ne se serait jamais intéressé à la conscience ; nous nous trouverions face au vide, en quête de *la* science manquante. Or il existe une énorme littérature scientifique récente et robuste sur les problèmes de la conscience en psychologie cognitive. Une grande part de ces travaux montrent combien les processus cognitifs même les plus complexes se déroulent sans prise de conscience. D'autres s'attachent à analyser les conditions de la prise de conscience, ou à cerner ses fonctions, par exemple dans l'analyse de l'action en cours lorsqu'elle n'aboutit pas, ou dans la planification de l'action, ou dans la transmission des savoir-faire. En-deçà de la psychologie cognitive, le problème de la conscience a été central pour des psychologues aussi connus que Vygotsky, ou Piaget. De son côté, la neuropsychologie et la neurobiologie ont apporté des données sur les rapports entre cerveaux et activités conscientes, depuis les conséquences de la suppression des connexions entre hémisphères gauche et droit (cerveau *bisectionné* ou *dédoublé*) jusqu'aux curieux phénomènes de négligence (par exemple, des informations visuelles dans un hémichamp), en passant par la vision résiduelle ou encore le décalage temporel entre l'initiation cérébrale de l'acte moteur et l'intention consciente. Penrose fait allusion à certains de ces phénomènes et de ces apports, il en discute même quelques-uns. Tout cela n'est-il qu'un vide ? C'est au contraire un corps important de recherches empiriques et de réflexions théoriques en pleine expansion, c'est une science non pas manquante, mais bien présente, de la conscience, et qui n'a pas attendu la mécanique quantique ni les microtubules pour avancer sur son propre terrain. Nous ne pouvons prévoir ce que cette dernière voie nous réserve dans un avenir lointain. Pour l'avenir proche, celui où s'inscriront les prochains pas de la recherche sur la conscience, les hypothèses de travail des psychologues et neurobiologistes sont sans doute plus réalistes et plus prometteuses.

Je ne parlerai pas d'imposture à propos de Penrose, ni de mystification. Mais bien de simplification, simplification par rapport au niveau de traitement auquel opèrent les sciences biologiques et humaines s'occupant actuellement de la conscience, simplification habillée de toute la respectabilité de leur auteur dans les sciences exactes, et qui lui donne un air de vérité. J'ai pris Penrose comme exemple, mais il n'est ni le seul, ni le premier. Je ne hasarderais pas à son sujet la comparaison avec Salvador Dali (qui ne manque pas, je le répète, d'un côté flatteur), car je ne sais pas assez de mathématique et de physique pour en juger.

Les Lacan et Kristeva de la physique quantique

D'autres de ses confrères s'approchent peut-être, en image inversée, de façon plus flagrante, du style des lacaniens et postmodernistes dans leurs incursions dans les sciences humaines. Restons dans le domaine de la conscience, et centrons-nous sur un cas illustratif, laissant à l'histoire des sciences le soin d'en recenser d'autres. En 1979 se tint à Cordoue, ville qui connut l'âge d'or de la cohabitation des trois cultures, islamique, judaïque et chrétienne, un colloque intitulé *Science et conscience : les deux lectures de l'univers*[6]. Ne faisons pas grief aux participants de ce titre à nouveau curieusement oppositif. S'y rencontraient une dizaine de physiciens, et non des moindres, une dizaine de neuro- ou psychophysiologistes, une brochette de psychanalystes, et une dizaine de spécialistes des religions ou civilisations orientales. L'idée des organisateurs était de suciter un dialogue entre la tradition scientifique occidentale et des courants philosophiques et religieux, principalement orientaux, qui pourraient apparaître complémentaires, voire convergents, plutôt qu'opposés et incompatibles. Je ne parlerai ici que des physiciens. Tous se réclamaient de la physique quantique, et dissertèrent, comme on le leur avait sans doute demandé, des rapports de la conscience avec la physique. Ils ne déclarèrent pas qu'il n'y en avait pas (et nous ne leur ferons pas l'injure de penser qu'ils en découvrirent un à l'occasion de ce voyage à Cordoue, qui, je vous l'accorde, vaut bien, sinon une messe, un discours assaisonné d'un peu de conscience). Ils ne se récusèrent pas pour incompétence. Non, ils s'aventurèrent avec beaucoup d'assurance sur le rôle de la conscience en mécanique quantique, sous des titres attrayants à l'envi : «L'expérience de la conscience et sa place en physique», «Le Tao et la physique», «Cosmos et conscience», «Une théorie quantique de l'interaction entre la conscience et la matière», ou encore «L'ordre involué-évolué de l'univers et de la conscience».

Le premier exposé est signé du physicien britannique B.D. Josephson, Prix Nobel. Son intention déclarée est de «décrire une nouvelle approche en physique, caractérisée par le rôle important qu'y joue l'expérience consciente». Il s'inspire des traditions mystiques et spirituelles (notamment de l'Inde) qui nous proposent une vue de la connaissance fondée sur des «états de conscience bien définis et contrôlés (à la différence de ce que l'on constate dans la psychologie moderne où les états de conscience des sujets concernés présentent un degré élevé de variabilité)». Soit. Quelques banalités sur la diversité des catégories de l'expérience consciente — représentations perceptives, pensées, idées, émotions —; des distinctions curieuses entre idées et pensées (l'idée étant «l'aspect stable de l'atteinte du but, alors que la pensée en est l'aspect fluctuant»); puis une illustration du rôle que joue la conscience dans la compréhension du comportement : la notion d'équilibre (il faudrait dire, naturellement, le sens de l'équilibre, qui est tout autre chose). Dieu sait si le sens de l'équilibre offre une illustration exceptionnellement frappante des réglages extraordinairement fins et précis dont notre organisme est capable[7]. Josephson donne au contraire une importance dominante aux «expériences conscientes», à l'idée d'équilibre qui «donne naissance à différentes pensées distinctes, par exemple l'impression de pencher sur le côté, et que la combinaison des expériences conscientes a pour résultat d'atteindre le but recherché, qui est de ne pas tomber». Que d'idées doivent donc avoir les singes qui voltigent dans les arbres ou les chats en promenade sur les corniches ! Les réglages de l'équilibre sont probablement ceux que perturbent le plus les «idées conscientes». Un peu d'informations sur les données de la psychologie et de la neurophysiologie auraient sans doute aidé notre physicien à mieux choisir ses exemples.

Quand il nous dit, plus loin, à propos des deux aspects, subjectif et objectif, de la réalité et qu'il se reporte aux Veda :

> «... l'esprit existe antérieurement à l'espace et a le pouvoir de l'engendrer. Une fois l'espace venu à l'existence, les formes matérielles peuvent s'y déployer, et ces formes liées à l'espace sont celles qui nous paraissent être liées à la réalité objective. Il est sans doute utile de noter que l'espace-temps peut être regardé comme un phénomène en soi, doué de paramètres physiques tels que le tenseur métrique et la matrice S.»

on croirait lire du Kristeva ou du Lacan.

Plus loin, une brève référence à l'attention sélective laisse espérer un peu plus d'informations scientifiques (j'entends en provenance de la psychologie scientifique) mais ce n'est que très passager. On retombe aussitôt dans ce qui suit :

> «L'expérience consciente ne joue, en somme, qu'un rôle limité dans le comportement [*un constat tout à fait correct*]. Il lui faut l'aide du système nerveux, qui gagne en complexité dans le temps par l'effet de l'expérience... D'un point de vue tout à fait qualitatif, le processus impliqué part de l'information présente dans la conscience ; elle s'intègre graduellement à la structure du système nerveux sous une forme convenablement codée.» (p. 35-35 ; les italiques sont mon commentaire)

L'auteur fait de la conscience une sorte d'entité distincte du système nerveux, qui aurait cependant besoin de celui-ci, ou qui s'y «intégrerait» progressivement, une idée qui n'est pas sans rappeler le dualisme spiritualiste auquel est retourné Eccles, mais dont les chercheurs travaillant sur la conscience ne peuvent pas tirer grand chose.

Tentant de cerner les différences entre expériences conscientes avant et après apprentissage — une question traitée dans divers contextes en psychologie, par exemple dans la distinction entre processus contrôlés et processus automatisés, ou dans l'opposition novice-expert —, Josephson prend comme exemple d'apprentissage la marche, un choix aussi malheureux que celui de l'équilibre comme illustration de l'intervention de la conscience : la marche est un de ces comportements qui apparaissent au cours du développement de l'enfant sans que l'apprentissage y joue un rôle important, à la faveur de processus maturationnels, et qui, en outre, s'installent à un moment de la croissance où la «conscience» n'entre guère en jeu, à la différence d'apprentissages de comportements sans aucune préparation biologique, tels que la conduite d'une voiture, ou le pilotage d'un avion.

Un autre texte, signé de Capra, trace d'intéressants parallèles entre modèles de la physique quantique et les formulations boudhistes. Nous ne nous y attarderons pas, limitant notre propos aux références à la psychologie scientifique, non aux philosophies ou religions orientales — qui appellent sans doute le même genre d'examen critique. L'auteur, comme beaucoup d'autres, prend avec complaisance pour des convergences de fond, voire pour de véritables préfigurations antiques, des constructions scientifiques modernes, ce qui n'est peut-être rien de plus que de simples similitudes de hasard, des coïncidences dans l'usage des mêmes métaphores, par exemple les métaphores textiles dans la mise en regard des textes suivants, le premier de Werner Heisenberg, le second de Lama Givinda :

> « Le monde nous apparaît donc comme un tissu complexe d'événements, où les liaisons de tous genres alternent, se chevauchent ou se combinent, déterminant ainsi la structure de l'ensemble. »

> « Le monde extérieur et son monde intérieur ne sont pour [le boudhiste] que les deux faces d'un même ouvrage, où les fils de toutes les forces et de tous les événements, de toutes les formes de conscience et de leurs objets, sont tissés en un réseau indivisible de relations indéfinies qui se conditionnent mutuellement. » (p. 46)

Ou encore, à propos d'un texte de Suzuki :

> « Dans le ciel de l'Indra se trouve, dit-on, un réseau de perles, arrangé de telle sorte que lorsqu'on en regarde une, on voit toutes les autres qui se reflètent en elle. Semblablement, chaque objet dans le monde n'est pas seulement lui-même, mais comprend chacun des autres et *est*, en fait, tous les autres. »
> La ressemblance entre cette image et celle du *bootstrap* hadronique[8] est vraiment étonnante. On pourrait voir à juste titre dans le réseau de perles d'Indra le premier modèle *bootstrap*, créé par la

mythologie orientale 2500 ans avant la découverte des particules de la physique.» (p. 52-53)

Les coïncidences, toujours, sont troublantes, et plus encore lorsqu'elles nous viennent vêtues de miroitantes métaphores.

Quand Costa de Beauregard, dans son exposé intitulé «Cosmos et conscience», nous résume les paradoxes auxquels a conduit la mécanique quantique pour conclure :

> «C'est cela qui *interdit absolument* de penser que la microphysique traite d'*objets* qui seraient spécialement *dotés* de *propriétés*, et qui oblige à *repenser de manière radicalement nouvelle* le problème de l'interaction entre cosmos et conscience» (p. 62),

à quoi se réfère-t-il? Certainement pas aux diverses manifestations de la conscience qui préoccupent les psychologues, dont les sujets courants sont fort peu concernés par les paradoxes quantiques. Sans doute n'a-t-il en vue que les modèles précédents en usage chez les physiciens, et qui leur fournissaient leur représentation du monde; en d'autres mots, les habitudes prises par eux dans leur activité, hautement consciente, de construction de théories physiques. A moins qu'il ne s'agisse d'une variable nouvelle, qu'il faut bien introduire quelque part pour que le modèle «tienne», dans l'éternel bricolage *ad hoc* qu'est l'aventure scientifique, et que fort malencontreusement certains ont désignée du nom entre tous dangereux de *conscience*.

C'est à cette seconde interprétation que nous invite le dernier des auteurs que je commenterai brièvement ici, le professeur Mattuck, physicien à l'Université de Copenhagen. Son exposé intitulé «Une théorie quantique de l'interaction entre la conscience et la matière» fait appel à des données de la parapsychologie, et spécialement aux influences psychiques sur le comportement de la matière, désignées par le terme *psychokinèse*; il s'agit des phénomènes de courbure, d'étirement, de durcissement d'objets métalliques par l'intervention de la volonté consciente d'un sujet spécialement doué. On sait quelles supercheries ont été démasquées dans ce domaine où fit fortune Uri Geller, mais laissons les scientifiques qui le veulent poursuivre comme ils l'entendent leurs travaux sur ces phénomènes insolites. Restons-en à cette *conscience* dont on nous dit qu'« il y a une façon de l'ajouter à la théorie quantique ».

Revenant à l'expérience classique des deux fentes, et au fameux paradoxe du chat de Schrödinger[9], et invoquant les arguments de Wigner, voici comment Mattuck décrit l'intervention de la conscience dans le collapse de la fonction d'onde :

> « C'est pourquoi nous considérons comme admis que *c'est l'interaction du système matériel et de la conscience qui provoque l'effondrement de la fonction d'onde*. La conscience peut être appelée une entité « non-matérielle », par quoi je veux dire une entité qui n'obéit pas à l'équation de Schrödinger. On admet que la conscience fonctionne passivement, de sorte que les probabilités prédites par la théorie quantique demeurent valables.
> Il est nécessaire de poser ce postulat que la conscience est non-locale, c'est-à-dire qu'elle peut s'étendre bien au-delà des limites spatiales du cerveau. Ceci afin de provoquer le collapse de l'appareil et de la fonction d'onde de la particule, ainsi que de la fonction d'onde du cerveau.
> [L'auteur renvoie à un croquis; suit un dernier raisonnement, aboutissant à un « argument de vraisemblance »]
> ... « pour justifier le postulat que *la conscience est non locale dans le temps et peut faire collapser plus tôt la fonction d'onde*.... Une autre possibilité est qu'une conscience primitive est associée avec (ou est une propriété) des particules d'atome et, quand d'importantes quantités de particules sont organisées sous forme de matière macroscopique, leur conscience 'collective' est à même de provoquer l'effondrement. » (p. 86-87)

Cette conscience « entité non-matérielle », fonctionnant « passivement », par postulat « non locale » donc, pouvant s'étendre « bien au-delà des limites spatiales du cerveau », « non locale dans le temps » et capable de faire « collapser plus tôt la fonction d'onde », et pourquoi pas « propriété des particules d'atome », et même « collective », a-t-elle quelque air de famille avec ce dont parlent psychologues, spécialistes du cerveau, sociologues ? J'avoue que je n'en vois point, mais il est vrai que je ne reconnais jamais les gens dans la rue. Comme font les postmodernes, ces auteurs jouent sur les mots, prétextant, une fois de plus, d'un choix initial malencontreux. S'ils avaient parlé, au lieu de s'emparer de *conscience*, de facteur *y* ou de variable *Wignerienne*, ou de *composante gnosocollapsique*, personne ne s'y serait trompé.

Mais comment en est-on arrivé là ?

En voilà assez pour se convaincre de ce que les travers dénoncés par Sokal et Bricmont ne sont pas à sens unique, ils ne sont pas le seul fait de quelques représentants des sciences humaines faisant mauvais usage des sciences exactes. On les rencontre, symétriquement, chez des mathématiciens et physiciens qui n'hésitent pas à maltraiter des concepts qui relèvent du domaine des sciences humaines, sans se soucier du sens qu'ils y prennent ni de l'état des recherches à leur sujet. Et à leur propos comme à propos des imposteurs postmodernes, on doit s'interroger : comment en est-on arrivé là ?

Et suivant toujours une voie parallèle, on ne manquera pas de trouver sur sa route le Bergson de la physique. Pourquoi pas Niels Bohr ? On restera ainsi dans les Nobel. Comme Bergson s'est engagé dans une discussion des thèses d'Einstein, Bohr s'est aventuré dans des problèmes de psychologie. Dans des réflexions tout à fait suggestives sur les questions épistémologiques soulevées par la physique moderne, il n'hésite pas à aborder des problèmes de psychologie, avec la même clarté de style que Bergson débattant d'Einstein, mais avec une incompétence voisine. Voici quelques extraits d'une conférence sur « L'unité de la connaissance »[10]

> « Bien qu'il nous soit toujours très difficile de rester des observateurs détachés quand nous essayons de rendre compte de nos états de conscience, il est possible, néanmoins, de remplir assez largement les conditions d'une description objective. Notons à ce propos un fait remarquable : tandis qu'aux premiers stades de la physique on a pu se fier directement à des traits de l'expérience journalière qui permettaient une représentation causale simple, la description de notre vie mentale s'est faite, dès l'origine, en un langage essentiellement complémentaire. En vérité, la riche terminologie qui sert à la communication psychologique ne se réfère pas à une chaîne ininterrompue d'événements, mais plutôt à des expériences qui s'excluent mutuellement et sont caractérisées par des coupures différentes entre le contenu sur lequel est focalisée l'attention et l'arrière-plan que nous désignons comme 'nous-mêmes'.
> Un exemple particulièrement frappant en est offert par la relation que présentent entre elles les situations où nous pesons les motifs de nos actions et celles où nous ressentons un sentiment de volition. C'est plus ou moins intuitivement que l'on sent un tel déplacement de coupure dans la vie normale, mais en psychiatrie l'on connaît des symptômes appelés 'confusion des egos' qui peuvent conduire à la dissolution de la personnalité. L'usage de caractères contradictoires en apparence, se rapportant à des aspects également importants de la conscience humaine, présente une analogie remarquable avec notre situation en physique atomique, où les phénomènes complémentaires exigent pour leur définition des concepts élémentaires différents. Avant tout, le fait que le mot même de 'conscient' se réfère à des expériences susceptibles d'être retenues par la mémoire suggère une comparaison entre les expériences conscientes et les observations physiques. Dans une telle analogie, l'impossibilité de donner un contenu bien défini à l'idée de subconscient corres-

pond à l'impossibilité d'une interprétation intuitive du formalisme de la mécanique quantique. Incidemment, on peut dire que le traitement psychanalytique des névroses rétablit l'équilibre dans le contenu de la mémoire du patient en lui apportant une nouvelle expérience consciente plutôt qu'il ne l'aide à sonder les abîmes du subconscient.» (p. 116-117)

Bohr enchaîne sur une discussion du libre-arbitre dont nous ferons au lecteur l'économie. Nous lui épargnerons aussi l'exégèse détaillée du texte cité, qui aboutirait à identifier les banalités du sens commun, les approximations par rapport au savoir psychologique de l'époque, et surtout les analogies tout à fait superficielles entre physique atomique d'une part et psychologie, voire psychopathologie et psychanalyse, de l'autre.

Ces quelques égarements ne feront pas douter des apports du physicien à la physique (non plus que ceux de Bergson ne le disqualifiaient totalement de la dignité de philosophe; non plus que les «impostures» ne condamnent par principe l'œuvre entière de ceux qui s'en sont rendus coupables; Newton, souvenons-nous en, passa beaucoup de son temps dans les sciences occultes, et les meilleurs esprits de la psychologie positiviste du tournant du siècle flirtèrent avec le spiritisme). Mais on peut, sérieusement, se demander qui a commencé, de Bergson ou de Bohr? Chez lequel des deux trouver les germes de l'imposture? Chez le philosophe maniant sans trop les comprendre les notions de la relativité? Ou chez le physicien incitant par ses analogies audacieuses, bien que discrètes, les psy à venir s'enivrer de mécanique quantique? Un procès retentissant demande à être ouvert : Bohr contre Bergson.

Voyons, Votre Honneur, ne versons pas dans la procédure. Laissons en paix ces grands hommes, dans le bercement ondulatoire céleste où ils reposent, ou sur la grève corpusculaire où ils recherchent ensemble, enfin réunis dans la complémentarité, la solution aux énigmes du temps et de la conscience.

NOTES

[1] Voir note 2, chap. 1 (p. 32).

[2] Les rapports entre les grands mouvements qui se sont succédé ou ont coexisté à travers l'histoire de la psychologie sont complexes. Les points de vue varient à leur sujet. Le lecteur curieux d'en savoir plus sur le nôtre se reportera à M. Richelle, Les cognitivismes : progrès, régression ou suicide de la psychologie? *in* M. Siguan (éd.), *Comportement, Cognition, Conscience : la psychologie à la recherche de son objet*, Paris, Presses Universitaires de France, 1987, p. 181-199, et à M. Richelle et X. Seron, Le champ de la psychologie expérimentale : aspects historiques et épistémologiques, *in* M. Richelle, J. Requin et M. Robert, *Traité de Psychologie expérimentale*, Paris, Presses Universitaires de France, 1994, vol. 1, p. 3-42.

[3] Le thème a donné lieu à une masse de publications, de la main des spécialistes les plus divers, et dont la variété montre à quel point le progrès des sciences modernes n'a pas entraîné l'accord sur un grand problème classique de la philosophie. Au contraire, à peu près tous les points de vue qui s'étaient exprimés dans le passé se retrouvent en présence. Voir Richelle (1993), réf. en note 1, ch. 4 (p. 73).

[4] Les publications sur la conscience, articles, ouvrages, actes de colloques, ont explosé au cours des quinze dernières années. Ce n'est pas le lieu d'en fournir la liste fût-elle sélective. Voir J. Paillard, La conscience, *in* M. Richelle, J. Requin et M. Robert, *Traité de Psychologie expérimentale*, Paris, Presses Universitaires de France, 1994, vol. 2, p. 639-684, et M. Richelle (1997), réf. en note 1, ch. 4 (p. 73).

[5] Oxford, Oxford University Press.

[6] Le colloque était organisé par France-Culture, mais ne se présentait nullement comme un événement grand public. Il a été publié à Paris, Stock, 1980.

[7] On lira, pour s'en convaincre, le remarquable ouvrage d'Alain Berthoz, *Le sens du mouvement*, Paris, Odile Jacob, 1997.

[8] Les modèles dits bootstraps sont, pour reprendre les termes de Capra, des «modèles d'interconnexions généralisées» qui contiennent l'idée que «la nature ne peut être réduite à des entités fondamentales, ou 'briques' élémentaires, mais doit être intégralement expliquée en terme d'autocohérence». Il se résume souvent «dans la phrase provocante : chaque particule est faite de toutes les autres». On notera au passage le recours dans une science exacte, pour désigner un concept ou un modèle de grande importance, non pas à quelque terme technique forgé à cette fin, mais à une métaphore particulièrement terre à terre, apparemment difficile à transférer dans une autre langue, et donc la référence initiale ne paraît pas toujours très claire aux utilisateurs spécialisés eux-mêmes (qui, s'ils ne sont pas anglophones, évitent de traduire et usent prudemment du terme original). Où sont les néologismes à racines grecques d'antan!

[9] Nous ne reprendrons pas la description de ces expériences réelles ou imaginaires exposées dans tous les ouvrages d'introduction à la physique quantique, non plus que le concept de collapse de la fonction d'onde. L'ouvrage de Penrose commenté plus haut fournit de lumineuses discussions des ces données et notions. Elles ne sont pas essentielles à comprendre pour notre propos, qui porte seulement sur l'usage fait de la conscience.

[10] *Physique atomique et connaisance humaine*, Paris, Gauthier-Villars, 1972, p. 101-124.

Conclusion

Je m'en voudrais de conclure. C'est le travail du lecteur. Et puis, à conclure trop tôt, souvent on s'égare.

Un point pourtant, avant d'en terminer. Les auteurs responsables, indirectement, des réflexions qu'on vient de lire, témoignent au fond d'une grande sollicitude pour les sciences humaines, et regrettent sincèrement qu'elles s'adonnent parfois au péché d'imposture. Ils ne nient pas qu'elles n'y tombent pas toujours, qu'il s'y trouve de bons esprits, que l'on y fait occasionnellement de la bonne recherche. Ils sont donc ouverts aux propositions que je vais faire.

Lorsque, dans un jardin d'ornement, les mauvaises herbes envahissent les massifs, on peut les déraciner, ou les brûler d'herbicide, exactement comme on ferait des impostures dans le jardin de l'esprit. Il est une autre stratégie, plus efficace à long terme : planter plus dru de bonnes espèces qui ne laissent plus un pouce aux autres pour se développer. Le meilleur remède pour éliminer ou neutraliser les impostures intellectuelles dans les sciences humaines ne serait-il pas de donner aux

« bons » chercheurs les ressources pour développer leurs disciplines, y compris dans la voie d'une pluridisciplinarité compétente ? Sokal et Bricmont ont-ils songé à comparer les moyens dont ils disposent, eux physiciens, aux aumônes accordées aux spécialistes des sciences humaines ? Certes, nous savons que leurs équipements coûtent très cher. Certes, nous sommes tous fascinés par leurs découvertes et leurs applications, et personne ne doute que les petits robots arpentant le sol de Mars fassent un jour le bonheur de l'homme. Mais où seront les hommes ce jour-là ?

Et quelles sont les priorités aujourd'hui ? La violence, la faim, la pollution, la maladie, la surpopulation, le chômage, etc., sont, pour l'essentiel, des affaires de comportement humain. Les gens engagés dans les sciences exactes pensent-ils sérieusement que ces sortes d'affaires se règlent d'elles-mêmes, ou qu'elles se régleront mieux sans le secours de la science ? Ce serait renier tout ce qui les anime dans leurs propres recherches, et ce serait alimenter l'antirationalisme qu'ils déplorent. A moins qu'ils ne dénient, par devers eux, aux sciences humaines le titre de sciences dignes de ce nom, et n'y voient que des ornements futiles dont notre société pourrait fort bien se passer. Je n'ose y croire, car ils n'y perdraient pas leur temps à débusquer les impostures.

Je n'encombrerai pas la fin de ce livre de statistiques que j'ai mis un point d'honneur à éviter jusqu'ici. Elles sont inutiles pour affirmer que les ressources allouées aux sciences humaines, où j'englobe toutes les disciplines traditionnelles des *Humanities*, philosophie, histoire, philologie, archéologie, etc., plus toutes les sciences jeunes que sont psychologie, sociologie, anthropologie, économie, criminologie, politologie, etc., sont tout à fait dérisoires à côté de celles que l'on accorde aux sciences exactes. Les sciences biologiques, qui pourtant conditionnent toute la santé publique, ne parviennent pas elles-mêmes à obtenir tout ce qui leur serait nécessaire pour répondre aux attentes que l'on met en elles. Avez-vous songé à ce petit fait étrange : jamais on ne fait appel à la charité publique pour la recherche en physique expérimentale, comme on le fait pour le cancer ou pour le SIDA. Pour ce qui est des sciences humaines, cela ne vaut pas la peine d'en parler : elle n'ont même pas droit à des collectes de charité. Et ce ne sont pas les impératifs de rentabilité qui sont aujourd'hui imposés à la recherche qui permettront de corriger cet état de chose.

Je n'y vois pour ma part qu'une solution : une initiative de nos amis physiciens visant à créer une association caritative en faveur des sciences humaines. Si le débat né des impostures des Lacan et des Kristeva devait déboucher sur un résultat aussi positif et spectaculaire, il faudrait en savoir gré tout à la fois à ceux qui les ont commises et à ceux qui les ont dénoncées.

Ainsi s'ouvrirait pour les sciences humaines, sur les ruines du postmodernisme, une ère florissante sans précédent, justement nommée du *postsokalisme*.

Épilogue

On sonna. Il n'attendait personne, et jouissait d'une après-midi de jalouse solitude à relire, sans hâte, un très long roman qu'il n'avait plus visité depuis longtemps. Il s'apprêtait à éconduire les quêteurs de bonnes œuvres ou les témoins de Jéhovah chassant le gibier à convertir. Qui d'autre pouvait, sans s'annoncer, roder par là?

— Ah! Vous! Je vous croyais disparu à jamais!

Il maîtrisa vite sa surprise, et poursuivit, souriant et courtois :

— Quel bon vent vous amène?

— Excusez-moi, j'aurais dû vous prévenir...

— Mais non, au contraire, le plaisir de vous revoir est d'autant plus grand que je ne l'attendais pas.

— Non, non. Je me sens très importun. Mais à m'annoncer, je craignais un refus.

— Qu'allez-vous pensez là? Sommes-nous brouillés?

— Je l'avais cru...

— Vous aurez toujours trop d'imagination. Asseyez-vous. Et dites-moi, depuis quelques mois que vous m'avez privé de vos visites, comment allez-vous ? Où en sont vos travaux ?

Il évita de remettre la conversation sur le sujet qui avait, justement quelques mois plus tôt, déchaîné l'indignation incendiaire de son visiteur. C'est lui qui y revint, sans détour :

— Beaucoup de choses se sont éclaircies, dit-il, en sortant de sa vieille sacoche de toile noire un petit livre à la couverture bordée d'arc-en-ciel. Je dirais même que j'ai véritablement procédé à une vaste remise en question.

— J'en suis ravi pour vous. Mais remise en question de quoi ?

— Vous vous souvenez...

Un sourire un peu crispé était à l'affût de la réaction de son hôte. Celui-ci hocha la tête avec un abaissement des paupières tout rogérien. Encouragé par ce signe non équivoque d'empathie, il reprit :

— ... ces attaques envers mes maîtres à penser, à y regarder de près, je les avais, comment dire, prises véritablement au tragique, victime d'une régression paranoïde non congruente à la faveur d'une pensée dissociée dialogiquement reliée à une...

— Spaltung.

— Merci, je cherchais le mot.

Il sortit du livre qu'il tenait une feuille de papier qu'il déplia et avança vers son hôte, s'armant d'un bic pour mieux lui expliquer un ensemble de formules.

— Oui, dit-il, quand on y regarde de près, en posant en premier la non distingabilité entre sciences humaines et sciences exactes, que je note symboliquement

(1) $\qquad$ SH = SE

et si ensuite on établit une relation d'équivalence par couples entre Lacan et Josephson, Deleuze et Mattuck, Kristeva et Capra, que l'on peut écrire

(2) $\qquad \dfrac{L}{J} = \dfrac{D}{M} = \dfrac{K}{C}$

laquelle peut se réduire, si l'on fait correspondre

$$\{L + D + K + ...\} \rightarrow \{\Psi\}$$

et

$$\{J + M + C +...\} \rightarrow \{\Phi\}$$

à

(3) $\qquad \dfrac{\{\Psi\}}{\{\Phi\}}$

qu'en vertu du principe de l'inversibilité on peut aussi bien écrire

(4) $\qquad \dfrac{\{\Phi\}}{\{\Psi\}}$

et si (vous me suivez?), si l'on admet que $\{\Phi\}$ est sous ensemble de SE, et symétriquement que $\{\Psi\}$ est sous-ensemble de SH, ...

Une concaténation de formules où s'enchevêtraient les Σ, Φ, μ, Ψ, Δ, ζ, λ, √, ∃, ≅, ϶, etc., l'amena, au bout de près d'une heure de commentaires volubiles, à conclure :

— Vous voyez, tout devient clair : Lacan est tout entier dans Prigogine, Bohr opère une fusion avec Bergson, l'âme est quantique et les étoiles naissent à la conscience, ce qui peut s'écrire...

Il éprouvait visiblement à son ballet d'équations un soulagement, un soulagement de quelque chose qui l'avait longtemps rongé. Son hôte le laissa achever sa démonstration, hocha la tête avec un sourire approbateur, qui laissait percer une amicale compassion.

— Vous voyez, mon Cher, toutes les sciences sont humaines, donc imparfaites. Il faut les laisser vivre leur vie. Et vous la vôtre.

— Merci de m'avoir reçu. Avec votre permission, je n'attendrai plus si longtemps avant de frapper à votre porte. Et je m'annoncerai. Ah ! J'allais oublier.

Il sorti de sa sacoche un autre livre, qu'il tendit à son hôte.

— Veuillez accepter cette petite réparation, dit-il en rougissant, comme si une honte ancienne lui affleurait soudain au visage.

Il avait fait spécialement le voyage de Paris, et y avait fouillé les bouquinistes des quais, jusqu'à ce qu'il en exhumât un exemplaire défraîchi du petit volume qui s'était consumé dans les volutes de son autodafé.

— Merci, je ne vous cache pas que ceci me touche.

Il fouilla à nouveau sa sacoche.

— Tenez, je vous offre aussi celui-ci, qui faisait la paire chez mon bouquiniste. Sauf l'épaisseur, on dirait deux frères, même dos bleu, même couverture évoquant les tables de la loi. Pas le même contenu, j'en conviens.

Il prit, amusé, le *Jacques Lacan*, première édition, que lui tendait son ami. Il le feuilleta,

— Ah! C'est l'édition expurgée... Vous n'aviez pas remarqué? On y saute de la page 6 à la page 9.

— Je vous laisse.

— A bientôt! Revenez, avec d'autres cadeaux.

Le chat s'étira sur son coussin, fit le gros dos, se faufila dans la fente qui séparait les mollets de son visiteur au moment où celui-ci franchissait la porte. Il trouva à son animal familier une étrange ressemblance, jusque là passée inaperçue, avec le chat de Schrödinger.

Index des noms

Ajurriaguerra, J. de, 37
Aristote, 44

Baudrillard, J., 8
Benveniste,, 85
Bergson, H., 67, 68, 101, 103, 114
Bernard, C., 25
Berthoz, A., 105
Bisiach, E., 65
Bohr, N., 51, 101, 102, 103, 114
Bricmont, J. *passim*
Bruner, J., 28

Canguilhem, G., 65
Cantor, G., 31
Capra, F., 98, 105, 113
Changeux, J.P., 49, 50
Chomsky, N., 32
Churchland-Smith, P., 70, 73
Costa de Beauregard, O., 99

Dali, S., 34, 43, 94
Darwin, C., 48, 68
De Coster, M., 65
Deleuze, G., 8, 10, 28, 30, 113
Dessart, C., 35, 36
Diderot, D., 10
Dobzhansky, T., 65

Eccles, J.C., 70, 73, 97
Einstein, A., 102

Foucault, M., 10, 15, 17, 18, 30
Fraisse, P., 15
Freud, S., 15, 45

Galbraith, J., 28
Galilée, 40, 68
Geller, U., 100
Givinda, Lama, 98
Gödel, K., 31, 55, 90
Guattari, F., 8, 30

Havel, V., 75, 77, 78, 81
Hawking, S., 88
Heidegger, M., 32
Heisenberg, W., 69, 98

Irigaray, L., 8, 86

Johnson-Laird, P., 46, 65, 70, 90, 93
Josephson, B.D., 95, 96, 97, 113

Kristeva, J., 8, 28, 31, 86, 94, 96, 109

Lacan, J., 8, 10, 28, 29, 31, 33 *sqq*, 43, 86, 94, 96, 109, 113, 114
Lautrey, J., 66
Lemaire, A., 36, 39, 41
Lorenz, K., 45

Mallarmé, S., 37
Marcel, A.J., 65
Mattuck, R.D., 83, 99, 100, 113
Molière, 7
Mounin, G., 31

Newton, I., 71, 103

Oppenheimer, R., 12

Paillard, J., 104
Paulus, J., 32
Penrose, R., 88, 89, 90, 91, 92, 93, 94, 105
Piaget, J., 15, 17, 28, 32, 49, 51, 93
Picard, R., 18, 19, 30
Popper, K.R., 49
Prigogine, I., 51, 114

Queneau, R., 10
Quételet, A., 50, 66

Requin, J., 104
Richelle, M., 19, 66, 73, 104
Robert, M., 104
Rosenfeld, L., 51

Saussure, F. de, 31
Schrödinger, E., 75, 100, 115
Seron, X., 104
Siguan, M., 104
Skinner, B.F., 49
Sokal, A. *passim*
Sperry, R.W., 89
Suzuki, D.T., 98

Van Rillaer, J., 40
Voltaire, 7
Vygotsky, L.S., 93

Wigner, E.P., 100

Zazzo, R., 32

Table des matières

Prologue 7

Chapitre 1
Faut-il désokaliser les sciences humaines ? 21
Tout le monde peut se tromper : aventures éditoriales 23
Discours scientifique et communicabilité 26
Les sciences exactes, victimes exclusives
de l'imposture ? 29

Chapitre 2
Intermède : rendez-vous manqué avec Lacan 33
Le grand Absent du Lutétia 33
Une préface quintessentielle 37

Chapitre 3
Plaidoyer pour la métaphore 43
L'analogie en sciences - humaines et autres 43
Fascination des Sciences exactes 52
Pièges du langage courant et métaphores floues 54
Règles du jeu des métaphores 58
Le rêve de la pluridisciplinarité 59

Chapitre 4
Science et philosophie 67
Pauvre Bergson! 67
Persistance du débat philosophique 68

Chapitre 5
D'où vient la clarté? 75
Droite sinistre et rectitude de gauche 75
La société moderne malade de son style 78

Chapitre 6
L'autre côté du miroir 83
Revues scientifiques prises au piège 83
Quand les physiciens font de la psychologie 85
Les Lacan et Kristeva de la physique quantique 94
Mais comment en est-on arrivé là? 101

Conclusion 107

Epilogue 111

Index des noms 117

CHEZ LE MÊME ÉDITEUR

PSYCHOLOGIE ET SCIENCES HUMAINES
collection publiée sous la direction de MARC RICHELLE

1 Dr Paul Chauchard : LA MAITRISE DE SOI. *9ᵉ éd.*
7 Paul-A. Osterrieth : FAIRE DES ADULTES. *16ᵉ éd.*
9 Daniel Widlöcher : L'INTERPRETATION DES DESSINS D'ENFANTS. *13ᵉ éd.*
11 Berthe Reymond-Rivier : LE DEVELOPPEMENT SOCIAL DE L'ENFANT ET DE L'ADOLESCENT. *13ᵉ éd.*
22 H.T. Klinkhamer-Steketée : PSYCHOTHERAPIE PAR LE JEU. *4ᵉ éd.*
24 Marc Richelle : POURQUOI LES PSYCHOLOGUES? *6ᵉ éd.*
25 Lucien Israel : LE MEDECIN FACE AU MALADE. *5ᵉ éd.*
26 Francine Robaye-Geelen : L'ENFANT AU CERVEAU BLESSE. *2ᵉ éd.*
27 B.F. Skinner : LA REVOLUTION SCIENTIFIQUE DE L'ENSEIGNEMENT. *3ᵉ éd.*
29 J.C. Ruwet : ETHOLOGIE : BIOLOGIE DU COMPORTEMENT. *3ᵉ éd.*
38 B.-F. Skinner : L'ANALYSE EXPERIMENTALE DU COMPORTEMENT. *2ᵉ éd.*
40 R. Droz et M. Rahmy : LIRE PIAGET. *7ᵉ éd.*
42 Denis Szabo, Denis Gagné, Alice Parizeau : L'ADOLESCENT ET LA SOCIETE. *2ᵉ éd.*
43 Pierre Oléron : LANGAGE ET DEVELOPPEMENT MENTAL. *2ᵉ éd.*
45 Gertrud L. Wyatt : LA RELATION MERE-ENFANT ET L'ACQUISITION DU LANGAGE. *2ᵉ éd.*
49 T. Ayllon et N. Azrin : TRAITEMENT COMPORTEMENTAL EN INSTITUTION PSYCHIATRIQUE
52 G. Kellens : BANQUEROUTE ET BANQUEROUTIERS
55 Alain Lieury : LA MEMOIRE
58 Jean-Marie Paisse : L'UNIVERS SYMBOLIQUE DE L'ENFANT ARRIERE MENTAL
59 Jacques Van Rillaer : L'AGRESSIVITE HUMAINE
61 Jérôme Kagan : COMPRENDRE L'ENFANT
62 Michel S. Gazzaniga : LE CERVEAU DEDOUBLE
64 X. Seron, J.L. Lambert, M. Van der Linden : LA MODIFICATION DU COMPORTEMENT
65 W. Huber : INTRODUCTION A LA PSYCHOLOGIE DE LA PERSONNALITE. *7ᵉ éd.*
66 Emile Meurice : PSYCHIATRIE ET VIE SOCIALE
67 J. Château, H. Gratiot-Alphandéry, R. Doron et P. Cazayus : LES GRANDES PSYCHOLOGIES MODERNES
68 P. Sifnéos : PSYCHOTHERAPIE BREVE ET CRISE EMOTIONNELLE
69 Marc Richelle : B.F. SKINNER OU LE PERIL BEHAVIORISTE
70 J.P. Bronckart : THEORIES DU LANGAGE
71 Anika Lemaire : JACQUES LACAN. *8ᵉ éd. revue et augmentée.*
72 J.L. Lambert : INTRODUCTION A L'ARRIERATION MENTALE
73 T.G.R. Bower : DEVELOPPEMENT PSYCHOLOGIQUE DE LA PREMIERE ENFANCE. *4ᵉ éd.*
74 J. Rondal : LANGAGE ET EDUCATION
75 Sheila Kitzinger : PREPARER A L'ACCOUCHEMENT
76 Ovide Fontaine : INTRODUCTION AUX THERAPIES COMPORTEMENTALES
77 Jacques-Philippe Leyens : PSYCHOLOGIE SOCIALE. *nouvelle édition 1997*
78 Jean Rondal : VOTRE ENFANT APPREND A PARLER *3ᵉ éd.*
79 Michel Legrand : LE TEST DE SZONDI
80 H.J. Eysenck : LA NEVROSE ET VOUS
81 Albert Demaret : ETHOLOGIE ET PSYCHIATRIE
82 Jean-Luc Lambert et Jean A. Rondal : LE MONGOLISME. *4ᵉ éd.*
83 Albert Bandura : L'APPRENTISSAGE SOCIAL
84 Xavier Seron : APHASIE ET NEUROPSYCHOLOGIE
85 Roger Rondeau : LES GROUPES EN CRISE?

86 J. Danset-Léger : L'ENFANT ET LES IMAGES DE LA LITTERATURE ENFANTINE
87 Herbert S. Terrace : NIM. UN CHIMPANZE QUI A APPRIS LE LANGAGE GESTUEL
88 Roger Gilbert : BON POUR ENSEIGNER?
89 Wing, Cooper et Sartorius : GUIDE POUR UN EXAMEN PSYCHIATRIQUE
90 Jean Costermans : PSYCHOLOGIE DU LANGAGE
91 Françoise Macar : LE TEMPS, PERSPECTIVES PSYCHOPHYSIOLOGIQUES
92 Jacques Van Rillaer : LES ILLUSIONS DE LA PSYCHANALYSE. 4e éd.
93 Alain Lieury : LES PROCEDES MNEMOTECHNIQUES
94 Georges Thinès : PHENOMENOLOGIE ET SCIENCE DU COMPORTEMENT
95 Rudolph Schaffer : COMPORTEMENT MATERNEL
96 Daniel Stern : MERE ET ENFANT, LES PREMIERES RELATIONS. 3e éd.
97 R. Kempe & C. Kempe : L'ENFANCE TORTUREE
98 Jean-Luc Lambert : ENSEIGNEMENT SPECIAL ET HANDICAP MENTAL
99 Jean Morval : INTRODUCTION A LA PSYCHOLOGIE DE L'ENVIRONNEMENT
100 Pierre Oleron et al. : SAVOIRS ET SAVOIR-FAIRE PSYCHOLOGIQUES CHEZ L'ENFANT
101 Bernard I. Murstein : STYLES DE VIE INTIME
102 Rondal/Lambert/Chipman : PSYCHOLINGUISTIQUE ET HANDICAP MENTAL
103 Brédart/Rondal : L'ANALYSE DU LANGAGE CHEZ L'ENFANT. 2e éd.
104 David Malan : PSYCHODYNAMIQUE ET PSYCHOTHERAPIE INDIVIDUELLE
105 Philippe Muller : WAGNER PAR SES REVES
106 John Eccles : LE MYSTERE HUMAIN
107 Xavier Seron : REEDUQUER LE CERVEAU
108 Moreau/Richelle : L'ACQUISITION DU LANGAGE. 5e éd.
109 Georges Nizard : ANALYSE TRANSACTIONNELLE ET SOIN INFIRMIER
110 Howard Gardner : GRIBOUILLAGES ET DESSINS D'ENFANTS, LEUR SIGNIFICATION. 3e éd.
111 Wilson/Otto : LA FEMME MODERNE ET L'ALCOOL
112 Edwards : DESSINER GRACE AU CERVEAU DROIT. 9e éd.
113 Rondal : L'INTERACTION ADULTE-ENFANT
114 Blancheteau : L'APPRENTISSAGE CHEZ L'ANIMAL
115 Boutin : FORMATION ET DEVELOPPEMENTS
116 Húsen : L'ECOLE EN QUESTION
117 Ferrero/Besse : L'ENFANT ET SES COMPLEXES
118 R. Bruyer : LE VISAGE ET L'EXPRESSION FACIALE
119 J.P. Leyens : SOMMES-NOUS TOUS DES PSYCHOLOGUES?
120 J. Château : L'INTELLIGENCE OU LES INTELLIGENCES?
121 M. Claes : L'EXPERIENCE ADOLESCENTE
122 J. Hayes et P. Nutman : COMPRENDRE LES CHOMEURS
123 S. Sturdivant : LES FEMMES ET LA PSYCHOTHERAPIE
124 A. Pomerleau et G. Malcuit : L'ENFANT ET SON ENVIRONNEMENT
125 A. Van Hout et X. Seron : L'APHASIE DE L'ENFANT
126 A. Vergote : RELIGION, FOI, INCROYANCE
127 Sivadon/Fernandez-Zoïla : TEMPS DE TRAVAIL, TEMPS DE VIVRE
128 Born : JEUNES DEVIANTS OU DELINQUANTS JUVENILES?
129 Hamers/Blanc : BILINGUALITE ET BILINGUISME
130 Legrand : PSYCHANALYSE, SCIENCE, SOCIETE
131 Le Camus : PRATIQUES PSYCHOMOTRICES
132 Lars Fredén : ASPECTS PSYCHOSOCIAUX DE LA DEPRESSION
133 Mount : LA FAMILLE SUBVERSIVE
134 Magerotte : MANUEL D'EDUCATION COMPORTEMENTALE CLINIQUE
135 Dailly/Moscato : LATERALISATION ET LATERALITE CHEZ L'ENFANT
136 Bonnet/Tamine-Gardes : QUAND L'ENFANT PARLE DU LANGAGE
137 Bruyer : LES SCIENCES HUMAINES ET LES DROITS DE L'HOMME

138 Taulelle : L'ENFANT A LA RENCONTRE DU LANGAGE
139 de Boucaud : PSYCHOLOGIE DE L'ENFANT ASTHMATIQUE
140 Duruz : NARCISSE EN QUETE DE SOI
141 Feyereisen/de Lannoy : PSYCHOLOGIE DU GESTE
142 Florin et al. : LE LANGAGE A L'ECOLE MATERNELLE
143 Debuyst : MODELE ETHOLOGIQUE ET CRIMINOLOGIE
144 Ashton/Stepney : FUMER
145 Winkel et al. : L'IMAGE DE LA FEMME DANS LES LIVRES SCOLAIRES
146 Bideau/Richelle : PSYCHOLOGIE DEVELOPPEMENTALE
147 Schmid-Kitsikis : THEORIE CLINIQUE ET FONCTIONNEMENT MENTAL
148 Guggenbühl/Craig : POUVOIR ET RELATION D'AIDE
149 Rondal : LANGAGE ET COMMUNICATION CHEZ LES HANDICAPES MENTAUX
150 Moscato et al. : FONCTIONNEMENT COGNITIF ET INDIVIDUALITE
151 Château : L'HUMANISATION OU LES PREMIERS PAS DES VALEURS HUMAINES
152 Avery/Litwack : NEE TROP TOT
153 Rondal : LE DEVELOPPEMENT DU LANGAGE CHEZ L'ENFANT TRISOMIQUE 21
154 Kellens : QU'AS-TU FAIT DE TON FRERE?
155 Rondal/Henrot : LE LANGAGE DES SIGNES. 2ᵉ éd.
156 Lafontaine : LE PARTI PRIS DES MOTS
157 Bonnet/Hoc/Tiberghien : AUTOMATIQUE, INTELLIGENCE ARTIFICIELLE ET PSYCHOLOGIE
158 Giovannini et al. : PSYCHOLOGIE ET SANTE
159 Wilmotte et al. : LE SUICIDE
160 Giurgea : L'HERITAGE DE PAVLOV
161 Ionescu : MANUEL D'INTERVENTION EN DEFICIENCE MENTALE N° 1
162 Ionescu : MANUEL D'INTERVENTION EN DEFICIENCE MENTALE N° 2
163 Pieraut-Le Bonniec : CONNAITRE ET LE DIRE
164 Huber : PSYCHOLOGIE CLINIQUE AUJOURD'HUI
165 Rondal et al. : PROBLEMES DE PSYCHOLINGUISTIQUE
166 Slukin : LE LIEN MATERNEL
167 Baudour : L'AMOUR CONDAMNE
168 Wilwerth : VISAGES DE LA LITTERATURE FEMININE
169 Edwards : VISION, DESSIN, CREATIVITE. 3ᵉ éd.
170 Lutte : LIBERER L'ADOLESCENCE
171 Defays : L'ESPRIT EN FRICHE
172 Broome Walace : PSYCHOLOGIE ET PROBLEMES GYNECOLOGIQUES
173 Aimard : LES BEBES DE L'HUMOUR
174 Perruchet : LES AUTOMATISMES COGNITIFS
175 Bawin-Legros : FAMILLES, MARIAGE, DIVORCE
176 Pourtois/Desmet : EPISTEMOLOGIE ET INSTRUMENTATION EN SCIENCES HUMAINES. 2ᵉ éd.
177 Sloboda : L'ESPRIT MUSICIEN
178 Fraisse : POUR LA PSYCHOLOGIE SCIENTIFIQUE
179 Ruffiot : PSYCHOLOGIE DU SIDA
180 McAdams/Deliège : LA MUSIQUE ET LES SCIENCES COGNITIVES
181 Argentin : QUAND FAIRE C'EST DIRE...
182 Van der Linden : LES TROUBLES DE LA MEMOIRE
183 Lecuyer : BEBES ASTRONOMES, BEBES PSYCHOLOGUES : L'INTELLIGENCE DE LA 1ʳᵉ ANNEE
184 Immelmann : DICTIONNAIRE DE L'ETHOLOGIE
185 Collectif : ACTEUR SOCIAL ET DELINQUANCE
186 Fontana : GERER LE STRESS
187 Bouchard : DE LA PHENOMENOLOGIE A LA PSYCHANALYSE
188 Chanceaulme : MOURIR, ULTIME TENDRESSE
189 Rivière : LA PSYCHOLOGIE DE VYGOTSKY

190 Lecoq : APPRENTISSAGE DE LA LECTURE ET DYSLEXIE
191 de Montmolin/Amalberti/Theureau : MODELES DE L'ANALYSE DU TRAVAIL
192 Minary : MODELES SYSTEMIQUES ET PSYCHOLOGIE
193 Grégoire : EVALUER L'INTELLIGENCE DE L'ENFANT
194 Gommers/van den Bosch/de Aguilar : POUR UNE VIEILLESSE AUTONOME
195 Van Rillaer : LA GESTION DE SOI
196 Lecas : L'ATTENTION VISUELLE
197 Macquet : TOXICOMANIES ET FORMES DE LA VIE QUOTIDIENNE
198 Giurgea : LE VIEILLISSEMENT CEREBRAL
199 Pillon : LA MEMOIRE DES MOTS
200 Pouthas/Jouen : LES COMPORTEMENTS DU BEBE : EXPRESSION DE SON SAVOIR ?
201 Montangero/Maurice-Naville : PIAGET OU L'INTELLIGENCE EN MARCHE
202 Colin A. Epsie : LE TRAITEMENT PSYCHOLOGIQUE DE L'INSOMNIE
203 Samalin-Amboise : VIVRE A DEUX
204 Bourhis/Leyens : STEREOTYPES, DISCRIMINATION ET RELATIONS INTERGROUPES
205 Feltz/Lambert : ENTRE LE CORPS ET L'ESPRIT
206 Francès : MOTIVATION ET EFFICIENCE AU TRAVAIL
207 Houziaux : EDUCATION DU PATIENT ET ORDINATEUR
208 Roques : SORTIR DU CHOMAGE
209 Bléandonu : L'ANALYSE DES REVES ET LE REGARD MENTAL
210 Born/Delville/Mercier/Snad/Beeckmans : LES ABUS SEXUELS D'ENFANTS
211 Siguan : L'EUROPE DES LANGUES
212 de Bonis : CONNAITRE LES EMOTIONS HUMAINES
213 Retschitzki/Gurtner : L'ENFANT ET L'ORDINATEUR
214 Leyens/Yzerbyt/Schadron : STEREOTYPES ET COGNITION SOCIALE
215 Tiberghien : LA MEMOIRE OUBLIEE
216 Wynants : L'ORTHOGRAPHE, UNE NORME SOCIALE
217 Rondal : L'EVALUATION DU LANGAGE
218 Moreau : SOCIOLINGUISTIQUE, CONCEPTS DE BASE
219 Rouquette : LA CHASSE À L'IMMIGRÉ
220 Grubar/Duyme/Cote et al. : LA PRÉCOCITÉ INTELLECTUELLE DE LA MYTHOLOGIE À LA GÉNÉTIQUE
221 Pomini et al. : THÉRAPIE PSYCHOLOGIQUE DES SCHIZOPHRÉNIES
222 Houdé et al. : DESCARTES ET SON ŒUVRE AUJOURD'HUI

Manuels et Traités

Droz-Richelle : MANUEL DE PSYCHOLOGIE. 5ᵉ éd.
Hurtig-Rondal : MANUEL DE PSYCHOLOGIE DE L'ENFANT (Tome 1). 5ᵉ éd.
Hurtig-Rondal : MANUEL DE PSYCHOLOGIE DE L'ENFANT (Tome 2). 4ᵉ éd.
Hurtig-Rondal : MANUEL DE PSYCHOLOGIE DE L'ENFANT (Tome 3). 4ᵉ éd.
Rondal-Seron : LES TROUBLES DU LANGAGE (DIAGNOSTIC ET REEDUCATION). 2ᵉ éd.
Fontaine/Cottraux/Ladouceur : CLINIQUES DE THERAPIE COMPORTEMENTALE. 2ᵉ éd.
Godefroid : LES CHEMINS DE LA PSYCHOLOGIE. 2ᵉ éd.
Seron-Jeannerod : NEUROPSYCHOLOGIE HUMAINE